Für meine Familie und Freunde,
die mich täglich inspirieren,
lieben und unterstützen
Danke dafür X

VINTAGE TEA PARTY

Angel Adoree

DUMONT

Warnhinweis: Einige Rezepte in diesem Buch enthalten rohe oder nur kurz gegarte Eier. Schwangeren und Stillenden, Babys und Kleinkindern sowie geschwächten oder älteren Menschen ist von Speisen mit ungegarten oder teilgegarten Eiern abzuraten.

Herausgeber Eleanor Maxfield | Stellv. Art Director & Designer Yasia Williams-Leedham | Redaktion Leanne Bryan | Fotografen Yuki Sugiura Essen & Trinken; David Edwards Projekte & Aufnahmeorte | Illustrator Adele Mildred | Projektillustrator Holly Black | Requisite-Stylist Angel Adoree | Küchen-Managerin Sue Henderson | Assistent Küchen-Managerin Jon Stewart | Lektorat Alison Copland | Korrektorat Salima Hirani | Register Helen Snaith | Produktion Caroline Alberti

Deutsche Ausgabe

Verlagslektorat Christina Holona | **Übersetzung** Susanne Vogel, München | **Lektorat** Tina Anjou, Ahrensburg | **Grafik und Satz** Manuela Larrain Lagos, Köln

Gesetzt aus der Lady Rene, Aunt Mildred, Scala, Justlefthand, Special Type, More Roses!, Zapf Dingbats, ButterflyHeaven

Die Herausgeber haben sich bemüht, sämtliche Urheberrechte zu ermitteln und nachzuweisen. Sollte dies in Einzelfällen nicht gelungen sein, bitten wir um Nachricht.

ISBN 978-3-8321-9432-1
www.dumont-buchverlag.de
Printed in China

INHALT

Früher, Heute & in Zukunft

Ich heiße Sie willkommen in meiner *Vintage-Tea-Party-Welt* und nehme Sie in diesem Buch mit auf eine phantasievolle Reise, die Ihnen den Weg zur perfekten Tea Party zeigt. Auf den folgenden Seiten möchte ich Ihnen gerne einen Eindruck davon vermitteln, woher mein Faible für Vintage rührt. Ich fühle mich sehr geehrt, dies alles mit Ihnen teilen zu können.

Rechts (von links nach rechts):
Meine Mum, Granny und
Auntie Pat in einem Garten
in East London, 1967.

Links (von links nach rechts):
Auntie Sue, Granny
und Auntie Jean bei einer
Familienfeier, 1979.

Links: Nan raucht heimlich eine Zigarette in einem Durchgang zwischen zwei Häusern in East London, 1951.

Unten: Dad (Mitte), sein Vater (rechts) und sein Kumpel (links) in den Straßen von East London, 1963.

Das Buch gliedert sich in fünf Kapitel: diese Einführung, Brunch, Afternoon, Evening und Styling. Und so nutzen Sie es am besten:

1 Entscheiden Sie, wann Ihre Tea Party stattfinden soll, und wählen Sie aus den Hauptkapiteln Ihre Lieblingsrezepte und Deko-Ideen aus.

2 Holen Sie sich aus der Einführung und dem Kapitel zum Styling weitere Anregungen für ein formvollendetes Vintage-Event.

3 Essen, trinken und amüsieren Sie sich mit Ihren Gästen bei einer Party, die unvergesslich bleibt.

Mein Weg zur Vintage Tea Party

Ich mag alles, was alt ist: Kleidung, Autos, Geschirr, Schirme und Menschen... Sie alle haben eine einzigartige Geschichte zu erzählen, die mich immer wieder aufs Neue fesselt und bezaubert.

Mit meinem Unternehmen, The Vintage Patisserie, lasse ich Tea-Party-Träume wahr werden. Ich bringe Menschen gern zum Lächeln und entführe sie vorübergehend in eine Zeit, in der das Leben noch simpler war und man es trotzdem in vollen Zügen zu genießen wusste.

Ich erschien meinen Eltern wie ein Engel, und so tauften sie mich Angela. Immerzu lächelte ich und begriff schnell, dass ich damit ein Lächeln zurückbekam. Im Grunde ist es ganz einfach Freude zu verbreiten.

In meiner Familie fand ich ein glückliches Umfeld. Dad und Mum waren beide in kommunalen Wohnsiedlungen in East London aufgewachsen und hatten sich als 16-Jährige ineinander verliebt. Sie besaßen nicht viel, sieht man einmal von einem Ford Capri und einer Schmalfilmkamera ab, mit der mein Vater gewissermaßen aus dem Handgelenk unser Dasein im 8-mm-Format dokumentierte.

Meine Eltern, beide unkompliziert und geradeheraus, hatten immer Freude daran, andere mit Essen, Cocktails und Humor in gute Laune zu versetzen. Sie scheuten aber auch nicht vor harter Arbeit zurück. In meiner Kindheit ging meine Mutter oft zwei Jobs gleichzeitig nach, um unser leibliches Wohl sicherzustellen. Nebenbei nähte sie für uns Kleidung, Vorhänge und Kissen. Mein Vater hingegen kümmerte sich rund um die Uhr um sein Schmuckgeschäft. Wir alle wussten, dass die Zeit, die für das Familienleben übrig blieb, kostbar war.

Zum Abendessen kamen wir alle zusammen. Das war Tradition. Mum kochte, und ich saß derweil auf dem Tresen und ahmte sie nach. Wir aßen gemeinsam, lachten viel und stritten auch manchmal. Nach dem Essen spülte ich und erhielt dafür 25 Pence. Als Sechsjährige erstand ich von meinem hart verdienten Lohn die erste Webpelzjacke, natürlich mit passenden Minnie-Mouse-Ohrenschützer dazu.

In der Schule schwatzte ich gern und überspielte damit erfolgreich meine Lese-Rechtschreibstörung. Fast fünf Jahre kassierte ich schlechte Noten, bevor man als Ursache für meine Konzentrationsschwäche eine versteckte Legasthenie ausmachte. Etwas Positives hatte das Ganze: Während meine Aufmerksamkeit abschweifte erschuf ich mir eine bezaubernde Phantasie-Gesellschaft aus Vögeln und anderen Tieren, Bäumen und Blumen, mit denen ich angeregt plauderte, bis mich zwangsläufig der nächste Rüffel ereilte. Einige der Wesen treten in diesem Buch auf. Ich kann es kaum erwarten, sie Ihnen vorzustellen.

Als Teenager begann ich die Flohmärkte in unserer Gegend zu besuchen. Das war der Beginn meiner Retro-Leidenschaft. Ich folgte einer unumstößlichen Regel: Wenn mir etwas gefiel, kaufte ich es auch. Kleider, Schuhe, Jacken, Geschirr, Taschen, Hüte ... alles Mögliche! Was für den einen alter Plunder, ist für den anderen ein kleines Wunder.

Bald regte sich in mir der Wunsch nach einem eigenen Vintage-Geschäft, doch schnell wurden mir auch die damit verbundenen Probleme bewusst. Man kann nicht einfach mal eben das Lager auffüllen, denn jedes gute Stück aus früheren Zeiten ist ein Unikat, und um neue Ware zu finden, muss man sich oft die Hacken ablaufen. Darüber hinaus ist der Markt hochspezialisiert. Was mich selbst überaus erstaunte, war die Begeisterung, mit der ich mich daranmachte, die Geheimnisse der Unternehmensführung zu ergründen. Ob Gewinn- und Verlustrechnungen, Bilanzen, betrieblicher Geldumlauf, Strategieentwicklung – an allem hatte ich eine perverse Lust, und irgendwann war ich dann eine zertifizierte Rechnungsprüferin.

Mit 21 arbeitete ich für eine große Londoner Wirtschaftsprüfungsgesellschaft. Ich trug pinkfarbenes Haar sowie mehrere Piercings, war also nicht gerade ihre ideale Angestellte. Das wurde zu einem Problem, daher stieg ich kurzerhand aus und machte mich als Buchhalterin für verschiedene szenige Unternehmen der Stadt, darunter ein Plattenladen, eine Modelagentur und einige Fashion Labels, selbstständig.

Gleichzeitig nahm damals etwas seinen Anfang, das sich für mich als schicksalhaft erweisen sollte, nämlich meine „Angel-A Vintage Experience". Für diese Events verwandelte ich meine Wohnung in einem alten Schulhaus in East London in eine Vintage-Boutique und organisierte dort Verkaufsveranstaltungen für Freunde und Bekannte. Ich bewirtete sie mit Wein und Speisen, und alle zogen mit Tüten voller Kleidung, einem zufriedenen Lächeln und gut gefülltem Magen wieder ab. Es zeigte sich, dass sich mit dieser Erlebnis-Shopping-Strategie erstaunliche Umsätze erzielen ließen. Mein Geschäft florierte, und 2007 beendete ich die berühmt-berüchtigten „Angel-A"-Abende, um die Vintage Patisserie ins Leben zu rufen. Dank lobender Presseartikel und Mundpropaganda von Freunden füllte sich mein Auftragsbuch recht schnell, und ich habe meinen Schritt nie bereut, selbst wenn ich seither nicht einen Tag frei hatte.

Mein Enthusiasmus für die Sache bewog mich sogar, bei „Dragons' Den" aufzutreten. In dieser BBC-Sendung stellen Kandidaten erfolgreichen Unternehmern, den sog. Drachen, eine Geschäftsidee vor, und wenn ihr Konzept von den Wirtschaftsbossen für gut befunden wird, bieten diese eine Finanzspritze, für die sie ihrerseits natürlich eine Rendite verlangen. Ich konnte zwei der Drachen für mein Konzept gewinnen und erhielt ein sehr günstiges Angebot. Durch „Dragon's Den" wurde die Vintage Patisserie einem größeren Publikum bekannt, und für mich war die Teilnahme eine großartige Erfahrung.

Die Vintage Patisserie wächst von Tag zu Tag und wird mittlerweile von einem fabelhaften Team getragen, das voll hinter der Marke steht und sich engagiert dafür einsetzt. Zusammen realisieren wir unsere gemeinsamen Träume und lassen zugleich immer wieder die Wünsche anderer Wirklichkeit werden.

Ich freue mich, dass Sie mich auf dieser Reise begleiten, erhebe eine Teetasse und trinke auf Ihre perfekte Party. Möge sie unter den Anwesenden Frohsinn und gute Laune verbreiten!

Love Angel

Oben: Meine Wenigkeit
mit sechs Monaten.

Unten: Fotograf David und ich
tanzen durch die Nacht, 2009.

Oben: Mit fünf zum ersten
Mal beim Krippenspiel –
natürlich als Engel!

Oben: Badeurlaub in Clacton (Essex) –
ich war damals drei.

Unten: Sängerin Andreya
Triani und ich, 2009.

Unten: Deborah Meaden, Theo Paphitis
und ich bei „Dragons' Den", 2010.

Links: Meine Freundin Taj, Adele
(Illustratorin) und ich, 2009.

Oben: Paul Smith, VP-Mit-
arbeiterin Cherry und ich
bei Pauls Tea Party, 2010.

Links: Designer Erdem und das
Vintage-Patisserie-Team im Cutler
and Gross Vintage Store, 2009.

Oben: Das Vintage-Patisserie-
Team hat eine „Mad Men"-
Tea-Party organisiert, 2010.

LOCATION

Ganz gleich, ob bei einem Tea for Two oder einer Party mit 200 Gästen, der äußere Rahmen sollte unbedingt passen. Als Gastgeberin wie als Event-Managerin stelle ich mir jedes Mal zunächst die folgenden Fragen:

Wer sind die Gäste? ❧ Wie viele werden es sein? ❧ Welche Atmosphäre möchte ich erschaffen? ❧ Brauche ich dafür eine ganz bestimmte Umgebung?

Zu Hause

Warum in die Ferne schweifen, wenn das Gute liegt so nah? Wir alle erinnern uns nur zu gern an die denkwürdigen Partys, die wir bei uns zu Hause oder bei Freunden gefeiert haben. Man braucht sich keine Gedanken über Sperrstunden oder die Logistik zu machen, so ist man als Gastgeber gelassener, weil man sich auf vertrautem Terrain befindet. Daraus ergibt sich in der Regel von selbst eine entspannte und persönliche Atmosphäre von ganz besonderem Charme. Machen Sie sich keine Gedanken, ob Ihr Zuhause auch groß genug ist. Bei den meisten Festen, auch Tea Partys, stehen die Gäste ohnehin, und eventuell können Sie auch Außenbereiche mit einbeziehen. Es gibt zahlreiche Firmen, die auf den Verleih von Tischen und Stühlen, Pavillon-Zelten, Außenbeleuchtung und Heizvorrichtungen spezialisiert sind. Und die Kosten halten sich in vertretbaren Grenzen.

Geheimtipp: Hinterzimmer

Sollten Sie trotz allem Ihr Zuhause als Party-Location verwerfen, hören Sie sich einfach mal um. Vor der Suche würde ich als Erstes überlegen, welcher Ort für alle gut erreichbar wäre. Dann würde ich meinen Lieblingslippenstift auflegen, mein schönstes Lächeln aufsetzen und losziehen. Sie werden staunen, wie viele Bars, Restaurants, Clubs und Kneipen, ja sogar Pfarrgemeinden, Kultur- und Bürgerzentren verborgene, kaum genutzte Hinterzimmer haben. Fragen kostet nichts, und wenn am Ende ein Veranstaltungsort mit einem gewissen Flair herausspringt, war es das wert. Auch in Geschäftszentren kann man gute Partyräume finden. Am Wochenende sind diese Gegenden verwaist, sodass die örtlichen Gastronomen vielleicht froh über den Nebenverdienst sind.

Die große Freiheit

Ihnen ist eher nach einem Fest unter freiem Himmel zumute? Denkbar wären etwa ein öffentlicher Park, die Gartenanlagen eines Schlosses in der Umgebung oder vielleicht auch das Ufergelände eines Flusses. Unbedingt sollten Sie sich jedoch, bevor Sie Ihre Gäste zu der Location lotsen, erkundigen, ob Sie eine Genehmigung einholen und eventuell auch eine Gebühr entrichten müssen. Möglicherweise erfahren Sie auf Ihrer Informationstour noch von anderen Plätzen, von denen Sie bis dahin gar keine Ahnung hatten.

Unterwegs

Wie wär's mit einer Vintage-Party in einem Oldtimer-Reisebus, einem ausgedienten Doppeldecker oder einem jener berühmten Londoner Taxis? Sie müssen sich nur überlegen, ob der Platz reicht und ansonsten dafür sorgen, dass genügend Speisen und Getränke an Bord sind. Die gute Laune dürfte sich beinahe von selbst einstellen. Weitere, eher extravagante Alternativen wären ein Boot oder gar ein altes Flugzeug. In jedem Fall wird Ihre Veranstaltung lange im Gespräch bleiben.

Die
Einladung

Laut dem sozialen Netzwerk, in dem ich mich bewege, habe ich 2500 Freunde.

Oft habe ich mich gefragt, wie viele von ihnen wohl kämen, wenn ich sie alle zum Abendessen zu mir nach Hause einladen würde. Wie viele jener, die erscheinen würden, wären wirklich Freunde von mir? Manche kämen vielleicht nur, um meine Speisen zu kosten und einen Blick auf meine sagenhafte Schuhsammlung zu werfen. Ich vermute, dass sich auf der Party lauter Leute tummeln würden, die ich vom Sehen her, jedoch nicht mit Namen kenne. Daraus könnte sich ein interessanter Abend ergeben, der allerdings mit meinen Festen nichts gemein hätte.

Gegen ein gewisses Maß an Kommunikation über soziale Medien habe ich nichts einzuwenden. Ich vermag dem durchaus etwas abzugewinnen, wenn ich an den Geburtstag von jemandem erinnert werde oder wenn jemand mitteilt, was es zum Abendessen gab oder dass im Bus neben ihm eine Person mit Körpergeruch gesessen hat. Trotzdem kann das niemals eine persönliche Begegnung ersetzen, bei der man sich austauscht und zusammen lacht.

Sie mögen mich altmodisch finden, aber an manchen Dingen werde ich beharrlich festhalten. Ganz einfach, weil ich sie schlichtweg schön finde. Ich telefoniere mit meinen Verwandten und Freunden, und manchmal treffe ich sie auch. Dieser direkte Kontakt ist mir sehr viel mehr wert als der über das Netz. Gerade heute, wo wir immer seltener Zeit für persönliche Begegnungen haben, setze ich alles daran, jedes Beisammensein zu einem besonderen Ereignis zu machen. Das beginnt bei der Planung und Vorbereitung und zieht sich durch bis zur Verabschiedung und dem Dank an die Gäste.

Grundsätzlich verschicke ich im Vorfeld eine Einladung. Diese dient keineswegs dem schieren Zweck, den Ort und die Zeit mitzuteilen (obwohl das natürlich sehr wichtige Informationen sind), sondern sie gibt auch den Rahmen des Festes vor.

Handgeschriebene Einladungen begeistern mich immer wieder aufs Neue. Gespannt, was mich erwartet, erlebe ich einen richtigen kleinen Adrenalinkick, wenn ich den Umschlag öffne. Daraus, wie die Einladung verfasst ist, kann ich meist bereits ablesen, was von mir erwartet wird. Dann freue ich mich riesig, bei der Reise, die der Absender geplant hat, dabei zu sein.

Dass sich jemand die Zeit für eine handschriftliche Einladung an mich genommen hat, stimmt mich fröhlich. Dieselbe persönliche Geste sollte auch die Ouvertüre zu Ihrer Reise bilden.

Ja, in dieser Hinsicht bin ich definitiv altmodisch.

Auf den folgenden Seiten finden Sie einige Einladungsentwürfe, die Sie gerne fotokopieren und verwenden dürfen. Unter www.vintagepatisserie.co.uk kann man sich auch eine englische Version herunterladen.

EINLADUNG

ZUR TEA PARTY

SIE WERDEN gebeten ZUR **TEA PARTY**

EINLADUNG, ZUR TEA PARTY

BEI ....

REQUISITEN KAUFEN

Gerade einmal zwölf war ich, als ich auf einem Flohmarkt in der Nachbarschaft mein erstes Teeservice erwarb. Ich hatte zwar keine Verwendung dafür, aber es war günstig und ich fand es hinreißend schön. Ich erinnere mich noch genau, wie ich, obwohl damals noch ein Küken, dachte: „Das kann ich später wieder verkaufen." Und genau das tat ich zehn Jahre später! Im Sommer 1990 startete ich meine Karriere, ohne es zu wissen. Bis heute gehört die Schnäppchenjagd zu meinen Lieblingshobbys, und an dieser Stelle will ich Ihnen ein paar Tipps geben, wie auch Sie an attraktive Stücke zu gleichermaßen attraktiven Preisen kommen. Denken Sie daran: Wenn Ihnen etwas gefällt, schlagen Sie zu. Denn diese Gelegenheit bietet sich wahrscheinlich nie wieder.

Vintage ist nichts Neues

Während des gesamten 20. Jahrhunderts machten Modedesigner Anleihen in der Vergangenheit. Jeanne Lanvin etwa schöpfte in den Zwanzigern für ihre ultrafemininen Kleider aus dem Stilkatalog des Second Empire (1852 bis 1870). Und in den sechziger- und siebziger Jahren schuf Barbara Hulanicki mit romantischen Frauenkleidern, die an frühere Tage anknüpften, Gegenentwürfe zu dem futuristischen Stil und den knalligen Farben ihrer Zeit.

Schwimmen Sie gegen den Strom

Wenn Sie Ihr Geld gut investieren oder auch richtig günstig einkaufen wollen, folgen Sie Ihrem eigenen Geschmack, anstatt nach dem zu suchen, was alle anderen ebenfalls im Visier haben. Solange die Qualität und das Aussehen eines Objekts stimmen, sind Sie in der Regel auf der sicheren Seite. Obwohl Vintage-Artikel derzeit äußerst gefragt sind, gibt es in diesem Bereich doch noch viele Schätze zu heben. Man muss nur seinen Blick etwas schärfen und etwas Mut beweisen.

Einkaufsquellen

Für Vintage-Freunde gibt es viele lohnende Jagdgründe, etwa Antiquitätengeschäfte, Auktionshäuser, Garagenflohmärkte, Trödelläden oder auch Verkaufsplattformen im Internet. Die besten Fundgruben sind jene, in denen Nostalgisches nicht ausdrücklich als solches angeboten wird. Anstatt sich also auf spezielle Retro-Adressen zu konzentrieren, sollten Sie eher dort suchen, wo ein so großes und buntes Sammelsurium zum Verkauf steht, dass die eine kleine Kostbarkeit darin untergeht und darauf wartet, nur von Ihnen entdeckt zu werden.

Zustand

Von entscheidender Bedeutung ist natürlich der Zustand eines Objekts. Es ist sinnlos, altes Geschirr zum Schnäppchenpreis zu erwerben, wenn man anschließend nochmals das Doppelte für seine Restaurierung ausgeben muss. Ganz abgesehen davon, gibt es nur wenige Restauratoren, und diese sind oft ausgebucht. Inspizieren Sie das Objekt daher gründlich, und wenn Sie dabei Schäden oder Spuren einer früheren Reparatur erkennen, verzichten Sie lieber. Da Vintage-Artikel, verglichen mit anderen Antiquitäten, nicht wirklich alt sind, sind ihre Sammler, was den Zustand angeht, ziemlich anspruchsvoll.

---

1 Gusseiserner Vogelbauer, polychrom bemalt, verziert mit umlaufenden stilisierten Blattbordüren, Weinranken auf der Kuppe, die von einer verschnörkelten Hängevorrichtung bekrönt wird. 1920er Jahre.

2 Schwarz glasierte und teilvergoldete Teekanne mit bauchigem Korpus in markantem Streifendekor. 1920er Jahre.

3 Porzellantasse und Untertasse mit Lüsterdekor, trompetenförmige Tasse mit breitem Goldrand, innen mit Rosen bemalt, Untertasse mit aufgewölbtem Rand. 1920er Jahre.

4 Kleine Charlie-Chaplin-Figur unter einer Glaskuppel auf geschwungenem Sockel. 1930er Jahre.

5 Zwei alte Lederkoffer, versehen mit den Initialen des früheren Besitzers (V.C.P.). 1940er oder 1950er Jahre.

6 Abendkleid aus Seide in Schwarz und Weiß, der weite Ausschnitt mit Pailletten eingefasst. 1930er Jahre.

7 Union Jack aus den 1940er Jahren.

8 Ausgestopfte Eule in Schaukasten, lackiertes Holz, Glas mit Facettenschliff. spätes 19./frühes 20. Jahrhundert.

Möbel

Stehen Sie auf amerikanische Möbel der späten 1940er Jahre? Sind sie vielleicht ein Fan von 20th-Century-Design oder von Stühlen aus der Vorkriegsära? Oftmals wurden Designermöbel des vorigen Jahrhunderts, beispielsweise Stühle von Charles und Ray Eames, in den letzten Jahrzehnten erneut aufgelegt. Während Originale aus den dreißiger, vierziger oder fünfziger Jahren meist extrem teuer sind, kann man den Kauf einer günstigeren Neuedition durchaus erwägen. Wenn ein solches Stück erst einmal ein wenig von seiner fabrikneuen Perfektion verloren hat, steht es in seiner Wirkung dem Original in nichts nach.

Kleidung

Wer sich für Mode im Retro-Stil begeistert, wird vielerorts fündig. Inzwischen haben sogar immer mehr Auktionshäuser eine eigene Modeabteilung, in der man nicht nur sehr gut tragbare Abendroben, sondern auch viele Designerstücke zu höchst erfreulichen Preisen erstehen kann. Bestimmte Teile lassen sich gut kombinieren, was dann besonders stylish aussieht und einen unverwechselbaren Look ergibt. Wenn man Kleidung namhafter Vintage-Labels kauft, dürfte ihr Wert im Lauf einiger Jahre sogar noch steigen, sodass das Geld eigentlich gut angelegt ist.

Porzellan

Im 19. und 20. Jahrhundert waren Porzellanservice beliebte Hochzeitsgeschenke. Sie wurden dann in einem Vitrinenschrank in Ehren gehalten und nur bei speziellen Anlässen hervorgeholt. Daher haben viele dieser Service bis heute in oft sehr gutem Zustand überlebt. Entsprechend groß ist nun das Angebot kompletter Sets aus dem späten 19. und frühen 20. Jahrhundert. Da solches Geschirr aktuell nicht unbedingt im Trend liegt, ist es definitiv die richtige Zeit, es zu erwerben und sich an ihm zu freuen.

Silberbesteck

Schon ein nur versilbertes Besteck kann, wenn man es neu kauft, ungeheuer ins Geld gehen. Im Second-Hand-Markt dagegen ist es erheblich günstiger zu haben. Die Punzierungen z. B. 80, 90, 100 oder 110 geben die Schichtstärke der jeweiligen Silberauflage an. Selbst wenn diese stellenweise etwas abgegriffen sein sollte, ist ein solches Besteck immer noch sehr dekorativ. Echtes Silberbesteck trägt die Punzen 800, 835, 900 oder 925 – bei 925er Silber zum Beispiel beläuft sich der Anteil an der Legierung auf 92,5 Prozent. Vorsicht bei der Angabe ARG 800: Hierbei handelt es sich um eine sogenannte Silberfälschung. Viele junge Leute finden heute Tafelsilber eher uncool, und sie scheuen den Reinigungsaufwand. Daher stehen die Chancen, etwas Schönes gebraucht zu finden, gerade gut.

Requisiten für eine Teeparty

Unverzichtbar: Teekannen, Teetassen mit Untertassen, Dessertteller, Kuchenplatten, Etageren für Gebäck, Milchkännchen, Zuckerdosen, Gläser und Krüge, Dessertgabeln, Messer, Teelöffel, Vorlegebesteck.

Verzichtbar, aber schön: Alte Karten- und Dominospiele sowie Damebretter mit Spielsteinen, ausgestopfte Tiere, Union Jack, Memorabilien aus den dreißiger und vierziger Jahren – etwa Flaggen, Blechdosen, Kerzenhalter, Grammophone, Fotoapparate und alles, was Ihnen sonst noch an Kuriosem oder Dekorativem ins Auge sticht!

---

9 Achteckige lackierte Blechdose; elfenbeinfarbene Aussparungen bilden den Grund für ägyptisierende Szenen, Deckel verziert mit Lotosblumenmotiven. 1920 bis 1940.

10 Teilvergoldete Sadler-Teekanne, Dekor aus geschwungenen Linienbändern auf korallenfarbenem Grund. 1970er Jahre.

11 Kleine Charlie-Chaplin-Puppe, die den Komiker mit charakteristischem schwarzem Anzug, Schirm und Melone zeigt. 1930er Jahre.

12 Indisches Reise-Geschirrset mit drei Metalltellern, aufgehängt an einem Bügel über glockenförmigem Sockel. Frühes 20. Jahrhundert.

13 Versilberter ovaler Egg Coddler von James Deakin aus der Viktorianischen Ära, gegossener Deckelknauf in Form eines Huhns, durchbrochen gearbeiteter Sockel mit drei Stützen und Halterung für ein Teelicht. 1871.

14 Ovale Steingutform für Patés und Sülzen, braun glasiert, gewellter Rand. 1860er Jahre.

Küchen-ATMOSPHÄRE

Dass ein mit Liebe gebackener Kuchen, besser schmeckt als einer, der unter Zeitdruck zustande kam, steht wohl außer Frage. Damit Ihre Veranstaltung nach Plan abläuft und Sie in jeder Phase Spaß daran haben, möchte ich Ihnen einige Tipps geben.

1 Für den Tag X sollte alles gut organisiert sein. Machen Sie sich einen Kochplan. Rechnen Sie einen Zeitpuffer von 25 Prozent mit ein.

2 Wenn Sie viele Gäste bewirten, lassen Sie sich von Freunden helfen. Das wird bestimmt lustig, und bietet die perfekte Gelegenheit, den neuesten Tratsch und Klatsch auszutauschen.

3 Kümmern Sie sich früh genug um Ihr Styling (*siehe* Seite 264–297). Für eine Retro-Frisur wird das Haar eigentlich immer eingedreht, und wenn man es den ganzen Tag auf den Wicklern lässt, sitzt es anschließend umso besser. Ein Kopftuch versteckt stilvoll die Wickler.

4 Wenn Sie dann noch Ihre Lieblingskochmusik als Futter für die Seele auflegen, kann es losgehen!

KOPFTUCH IM 40ER-JAHRE-STIL

Wie Sie schnell und leicht zu einem bezaubernden Tageslook kommen, zeigt Ihnen diese Schritt-für-Schritt-Anleitung. Mit einem solchen Kopftuch, das Wickler verschwinden lässt oder auch einfach nur beim Kochen die Haare bändigt, sehen Sie exakt so aus wie ein Landmädchen aus den vierziger Jahren.

1 Als Erstes stecken Sie ihr Haar am Hinterkopf mit Klemmen hoch. Es sollte möglichst glatt anliegen, schließlich soll sich das Kopftuch später nicht unförmig beulen. Dann den Pony zurückstecken, es sei denn, Sie wollen ihn nach dem Binden des Kopftuchs noch curlen. In dem Fall bleibt er außen vor.

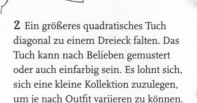

2 Ein größeres quadratisches Tuch diagonal zu einem Dreieck falten. Das Tuch kann nach Belieben gemustert oder auch einfarbig sein. Es lohnt sich, sich eine kleine Kollektion zuzulegen, um je nach Outfit variieren zu können.

3 Das Dreieck so über das Haar legen, dass der mittlere Zipfel in Richtung Stirn zeigt. Die seitlichen Tuchzipfel in die rechte beziehungsweise linke Hand nehmen.

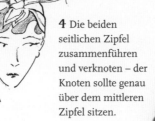

4 Die beiden seitlichen Zipfel zusammenführen und verknoten – der Knoten sollte genau über dem mittleren Zipfel sitzen.

5 Den mittleren Zipfel können Sie zurückschlagen und in dem Knoten verschwinden lassen. Um Ihrer typisch weiblichen Lust auf Abwechslung Genüge zu tun, können Sie den Knoten je nach Größe des Tuchs kleiner oder größer gestalten.

6 Das fertig gebundene Kopftuch zuletzt mit Haarklemmen feststecken – drei bis vier Klemmen dürften dafür ausreichen. Eventuell herunterhängende Stoffränder unter das Tuch schieben oder ebenfalls mit Klemmen fixieren.

BRUNCH
vormittags

BRUNCH INHALT

Extras

Eine Frühstücks-Tea-Party hat eine besondere Stimmung, wie man sie so zu keiner anderen Tageszeit erlebt.

Soeben frisch für den Tag zurechtgemacht, sind wir eigentlich noch nicht in Schlemmerlaune. Uns knurrt schlicht der Magen. Gerade das spornt mich umso mehr an und verleitet mich zu kulinarischen Extratouren. Ich liebe Überraschungen, und dazu gehört auch ein grandioses Frühstück für nette Gäste.

Stets behalte ich dabei die Traditionen im Auge. Deshalb gibt es unter anderem Haferflocken und Früchte, Eier, Fleisch und Fisch, Brot und süße Aufstriche – und für mich selbstverständlich das schnelle Kopftuch. Meine Morgenrezepte sind unkompliziert und schnell, damit steht einem ausgedehnten Schönheitsschlaf vor dem Event nichts im Weg.

WICHTIGE WARNUNG: Fertige Müslimischungen werden Sie in Zukunft links liegen lassen, wenn Sie einmal mein Schoko-Kokos-Knuspermüsli probiert haben, das nebenbei auch dem Geldbeutel schmeckt. Es ist ganz einfach zuzubereiten und lässt sich nach Lust und Laune abwandeln.

SCHOKO-KOKOS-KNUSPERMÜSLI

VORBEREITUNG
10 Minuten

BACKZEIT
1¼ Stunden

8 PORTIONEN

250 g Haferflocken

175 g gehobelte Mandeln

75 g ungesüßte Kokosraspel

75 g dunkelbrauner Zucker

50 g ungesüßtes Kakaopulver

90 ml Honig

50 ml Pflanzenöl

1 TL gemahlener Zimt

¾ TL Salz

1 Den Backofen auf 120°C vorheizen.

2 Haferflocken, Mandeln, Kokosraspel und Zucker in einer großen Schüssel vermengen. In einer zweiten Schüssel Kakaopulver, Honig, Öl, Zimt und Salz vermischen.

3 Die beiden Mischungen vermengen und auf zwei mit Backpapier ausgelegten Backblechen verteilen. Für 1¼ Stunden in den Ofen schieben und alle 15 Minuten durchmischen, damit das Müsli gleichmäßig bräunt.

4 Zum Servieren in eine hohe Schüssel füllen.

Einen Fundus an alten Gläsern zusammenzutragen ist gar nicht schwer, sofern man nicht auf einen kompletten Satz aus ist. Und so bin ich jedes Mal aufs Neue entzückt, wenn ich wieder ein Glas mit Goldrand erstehe. Wie könnte man seine Schätze besser in Szene setzen als etwa mit dieser dekorativ geschichteten Süßspeise? Sie schmeckt frisch und cremig und bietet Löffel für Löffel Genuss pur. Griechischer Joghurt und Honig sind ein absolutes Muss, ansonsten aber können Sie beliebig experimentieren. Gut würde sich zum Beispiel auch mein Orange-and-Lemon-Curd (*siehe* Seite 84) darin machen, und für den gewissen Biss – unverzichtbar! – böten sich anstelle der Pistazien andere Samen oder Nüsse oder auch das Schoko-Kokos-Knuspermüsli (*siehe* Seite 26) an.

JOGHURT MIT BEEREN

VORBEREITUNG
5 Minuten

8 PORTIONEN

150 g Himbeeren

150 g Blaubeeren

150 g Brombeeren

500 g griechischer Joghurt

90 ml flüssiger Honig

1 Handvoll gehackte Pistazienkerne

1 Beeren in einer Schüssel vermischen.

2 Den Joghurt abwechselnd mit den Beeren in acht kleine Gläser schichten, dabei auf die Beeren jeweils etwas Honig träufeln. Zuletzt die Pistazien drüberstreuen. Bis zum Servieren kalt stellen.

Dies ist meine Idealvorstellung von gesunden Frühstücksgrapefruits. In der Backofenhitze bilden die Früchte ganz viel Saft und ihr Aroma intensiviert sich. Da wacht garantiert jede Geschmacksknospe auf!

OFENWARME GRAPEFRUITS
MIT CRÈME FRAÎCHE UND HONIG

VORBEREITUNG
10 Minuten

BACKZEIT
15 Minuten

4 PORTIONEN

2 unbehandelte und gründlich gewaschene Grapefruits

50 ml Sherry Medium Dry

4 EL Demerara-Zucker (brauner Rohrzucker)

20 gButter

4 EL Crème fraîche

2 EL Honig

4 frische Minzesträußchen zum Garnieren

1 Den Backofen auf 200°C vorheizen.

2 Die Grapefruits quer halbieren. Mit einem scharfen Messer an der weißen Innenschale entlangfahren, anschließend die Fruchtsegmente von den Trennhäuten schneiden. Die so vorbereiteten Grapefruithälften mit der Schnittfläche nach oben in eine ofenfeste Form setzen. Gleichmäßig mit dem Sherry beträufeln, großzügig Demerara-Zucker aufstreuen und auf jede Hälfte 1 kleinen Löffel Butter setzen. Auf der mittleren Schiene 15 Minuten im Ofen garen.

3 Die Form aus dem Ofen nehmen. Die Grapefruithälften mit ihrem Fond beträufeln, jeweils 1 EL Crème fraîche und etwas Honig darauf geben. Zuletzt mit den Minzesträußchen garnieren und sofort servieren.

„Ein Apfel am Tag den Doktor erspart", weiß der Volksmund. Bratäpfel sind also eine gesunde Sache. Und damit das Lippenrot nicht verschmiert, teile ich die Früchte in mundgerechte Spalten, bevor ich sie leicht zuckere, mit etwas Zitronensaft beträufle und ihnen dann im Ofen ihre frischen Aromen entlocke.

Bratapfelspalten mit Zimtsahne

VORBEREITUNG
5 Minuten

BACKZEIT
20–25 Minuten

4 PORTIONEN

4 säuerliche Tafeläpfel mit glatter Schale
(zum Beispiel Braeburn oder Cox Orange)

4 EL brauner Zucker

Saft von 1 Zitrone

300 g Schlagsahne

1 EL gemahlener Zimt

1 Den Backofen auf **180°C** vorheizen.

2 Äpfel vierteln, vom Kerngehäuse befreien und in Spalten schneiden. In eine ofenfeste Form geben, mit dem Zucker bestreuen und mit dem Zitronensaft beträufeln. Für **20–25** Minuten in den Ofen schieben.

3 Inzwischen die Sahne mit dem Zimt verrühren und steif schlagen.

4 Die Apfelspalten ofenwarm servieren, dabei zu jeder Portion einen dicken Klecks Zimtsahne geben.

EIER IM CODDLER

Mit Anfang zwanzig erstand ich ein sehr hübsch gemustertes Keramikgefäß. Ich nutzte es als Konfitürentopf, was meine Großmutter seltsam fand, da es sich, wie sie mir erklärte, eigentlich um einen Egg Coddler handelte. Inzwischen habe ich eine kleine Sammlung dieser „Eierkocher" und kann mir ein Genießerleben ohne sie gar nicht mehr vorstellen. Mein Lieblings-Coddler stammt von James Deakin und datiert aus dem Jahr 1871. In meiner Küche thront er stolz über allen anderen.

Ein Egg Coddler ist ein Porzellan- oder Keramikbecher mit Deckel, in dem man ein oder auch mehrere Eier langsam gart. Der Name ist abgeleitet vom englischen to coddle (auf Deutsch etwa „sanft köcheln"). Wie beim Pochieren wird das Ei ohne Schale gegart, allerdings in dem zuvor gebutterten Gefäß, in das man zusätzlich nach Belieben würzende Zutaten geben kann. Der Coddler wird verschlossen und für einige Minuten in kochendes Wasser gestellt, bis das Ei die gewünschte Festigkeit erlangt hat. Danach muss man den Coddler nur noch aus dem Wasser nehmen und öffnen. Schon ist das Frühstück samt dekorativem Serviergefäß fertig.

(In Anlehnung an die Angaben der Egg-Coddling-Community)

Gerührt, gebraten, pochiert, gekocht oder gefüllt ... wie hätten Sie's denn gern? Für mich bitte ein Ei im Coddler!

Wenn Sie einen oder auch mehrere Egg Coddler auftreiben konnten (als Ersatz können Sie auch Gefäße für Eier im Glas verwenden z. B. von Zwiesel), legen Sie los. Was immer zu Ei passt, kann mit hinein ins Gefäß.

EIER IM CODDLER: DAS PRINZIP

VORBEREITUNG
5 Minuten

KOCHZEIT
5-7 Minuten

Meine Lieblingszutaten:

Räucherlachs und Schnittlauch

zarter Blattspinat und Trüffelöl

Pancetta

zerkrümelter Feta, einige Kapern
und etwas frischer Dill

1 Die leeren Egg Coddler in einen Topf stellen. Diesen auf dreiviertel der Höhe der Coddler mit Wasser füllen.

2 Die Gefäße aus dem Topf nehmen. Das Wasser auf mittlerer Stufe zum Kochen bringen und inzwischen die Füllung der Egg Coddler vorbereiten.

3 Die Coddler buttern, mit Gewürzen nach Geschmack ausstreuen. Extrazutaten nach Wahl, jeweils **1** aufgeschlagenes Ei und noch etwas Butter hineingeben, danach erneut würzen. Die Töpfchen verschließen und ins heiße Wasser setzen. Die Eier je nach ihrer Größe und je nach gewünschter Festigkeit 5–7 Minuten garen.

4 Die Eier entweder direkt aus den Töpfchen löffeln oder behutsam herauslösen und auf hübschen Tellern anrichten.

Rot ist meine Lieblingsfarbe, schon deshalb bereite ich diese Tomaten immer wieder gern zu. Aber sie sind nicht nur hübsch anzusehen, sondern auch noch ausgesprochen schmackhaft. Die Idee, Eier in Tomaten zu versenken, mag im ersten Moment etwas seltsam anmuten, aber ein Versuch lohnt sich!.

TOMATEN MIT EIFÜLLUNG

VORBEREITUNG
5–10 Minuten

BACKZEIT
18–22 Minuten

PORTIONEN
Beliebig – nehmen Sie 1 Tomate und 1 Ei pro Person

1 große Fleischtomate pro Person

1 EL Extrafüllung pro Person (zum Beispiel fertiges Pesto, geriebener Cheddar, gewürfelter Frühstücksspeck oder Pancetta)

1 großes Freilandei pro Person

Salz und schwarzer Pfefferr

1 Den Backofen auf **200°C** vorheizen. Eine ofenfeste Glas- oder Keramikform dünn mit Öl ausstreichen.

2 Mit einem scharfen Messer von den Tomaten unten eine dünne Scheibe abschneiden, um ihnen Standfestigkeit zu geben. Anschließend oben einen etwa **1 cm** dicken Deckel abschneiden und beiseite legen. Die Früchte mit einem kleinen Löffel vorsichtig aushöhlen.

3 Tomaten in die vorbereitete Form setzen und die Füllung mit einem Löffel hineingeben. Dann je **1** Ei hineinschlagen, salzen und pfeffern. Die Tomatendeckel wieder auflegen.

4 Für **18–22** Minuten in den Ofen schieben – das Eiweiß soll nicht mehr glibberig, das Eigelb aber noch flüssig sein. Die Tomaten heiß servieren.

Kräftiges Schlagen der Eimischung ist das A und O, denn es muss möglichst viel Luft hineingelangen, damit die Frittata schön leicht und fluffig gerät. Zum Servieren bringe ich sie gern mit Plätzchenausstechern in eine dekorative oder witzige Form. Für ein Frühstück mit dem oder der Liebsten bieten sich selbstverständlich Herzen an.

ZUCCHINI-FRITTATA

VORBEREITUNG
10 Minuten

BACKZEIT
28–30 Minuten

4 PORTIONEN

2 El Pflanzenöl

1 Zwiebel, in Scheiben geschnitten

2 Zucchini, längs halbiert und quer in feine Scheiben geschnitten

10 große Freilandeier

Salz und schwarzer Pfeffer

70 g Cheddar, gerieben

essbare Blütenblätter (zum Beispiel von Chrysanthemen) zum Garnieren

1 Den Backofen auf 220°C vorheizen.

2 Das Öl in einer Pfanne erhitzen und die Zwiebel auf kleiner Stufe in 2 Minuten ohne Farbe weich schwitzen. Zucchini dazugeben und bei höherer Temperatur in 4 Minuten goldgelb braten (ohne allzu häufiges Rühren bräunen sie kräftiger). Vom Herd nehmen.

3 Eier in einer Schüssel verquirlen und salzen. Zucchini und Zwiebel unterziehen.

4 Die Mischung in eine rechteckige mit Backpapier ausgelegte Backform (20 x 30 cm) füllen und ca. 20 Minuten im Ofen garen, bis die Mitte eben fest wird. Den Grill auf höchster Stufe vorheizen.

5 Die Frittata mit dem Käse bestreuen. Für 2 Minuten unter den Grill schieben, bis sie goldbraun ist und der Käse leise Blasen wirft. Leicht abkühlen lassen und aus der Form lösen.

6 Mit Pfeffer würzen. In Quadrate schneiden oder auch Formen nach Wunsch ausstechen. Mit Blütenblättern bestreuen und servieren.

Für Eggs Benedict wird ein englischer Muffin (eine Art Brötchen) in Scheiben geschnitten, auf die man dann Schinken, ein pochiertes Ei und Sauce Hollandaise gibt. Varianten dieses Klassikers sind: Eggs Florentine – Spinat statt Schinken, Eggs Montreal – Lachs statt Schinken, Crab Benedict – Krebsfleisch statt Schinken und Irish Benedict – Corned Beef statt Schinken. Meine Version der Eggs Benedict verwendet eine schnelle Sauce Hollandaise, bei der eigentlich nichts schief gehen kann. Den Tag mit einem so samtig zarten Genuss zu beginnen ist einfach großartig.

EGGS BLACKSTONE

VORBEREITUNG
5 Minuten
KOCHZEIT
10 Minuten
6 PORTIONEN

3 Scheiben Frühstücksspeck (Bacon)

6 Scheiben von reifen Tomaten

Salz und schwarzer Pfeffer

Mehl zum Panieren

6 Freilandeier, pochiert

etwa 125 ml Sauce Hollandaise

Für die Sauce Hollandaise

125 g Butter

3 Eigelb von Freilandeiern

2 EL Zitronensaft

Salz und weißer Pfeffer

VORBEREITUNG
5 Minuten
ERGIBT
250ml

1 Zuerst die Sauce Hollandaise zubereiten. Dafür die Butter in einem Topf auf kleiner Stufe zerlassen und, sobald sie aufschäumt, vom Herd nehmen.

2 Eigelbe, Zitronensaft, Salz und Pfeffer in den Mixer geben. Deckel auflegen und alles auf hoher Stufe etwa 5 Sekunden verquirlen (das funktioniert auch mit einem Schneebesen, ist aber natürlich anstrengender). Bei hochtourig laufendem Gerät langsam die flüssige Butter durch die Einfüllöffnung hineingießen und etwa 30 Sekunden gründlich untermixen. Sollten nun noch Butterspuren erkennbar sein, am Glasrand anhaftende Sauce nach unten schaben, Deckel wieder auflegen und weiter mixen bis keine flüssige Butter mehr zu sehen ist.

3 Speck knusprig braten. Auf Küchenpapier abtropfen lassen und zerkrümeln. Tomatenscheiben salzen und pfeffern, im Mehl wenden und im ausgelassenem Speckfett von beiden Seiten goldgelb braten. Auf Küchenpapier abtropfen lassen.

4 Tomatenscheiben auf eine Servierplatte oder Einzelteller legen und mit dem Speck bestreuen. Darauf jeweils 1 pochiertes Ei und zuletzt einen großen Löffel Sauce Hollandaise geben.

Manches Rezept entsteht dadurch, dass man ein hübsches Gefäß hat und überlegt, was sich darin Delikates anrichten ließe. Auf meinen Reisen finde ich oft Porzellantassen, denen ihre Untertassen abhanden gekommen sind, und ich mag es, ihnen zu einem zweiten Leben zu verhelfen. Ja, man kann sie gut zum Garen verwenden, wie diese einfache Zubereitung zeigt, die bei jeder Teeparty Furore macht und sich mit anderem Gemüse der Saison abwandeln lässt.

SPARGEL – EIERCREME
mit PARMESAN-CHIPS

VORBEREITUNG
10 Minuten
KOCHZEIT
34–40 Minuten
4 PORTIONEN

200 ml Milch

300 g Crème double

1 Freilandei plus 4 Eigelb von Freilandeiern

Salz und schwarzer Pfeffer

16 zarte grüne Spargelstangen

25 g Parmesan, frisch geriebene

1 Den Backofen auf 170°C vorheizen.

2 Milch und Crème double in einem kleinen Topf bis kurz vor dem Siedepunkt erhitzen. Inzwischen in einer Schüssel Ei und Eigelbe mit einem Schneebesen verquirlen, salzen und pfeffern. Die heiße Milchmischung langsam zum Ei gießen und dabei kräftig rühren. Den gut gefüllten Wasserkocher anwerfen.

3 Spargelstangen halbieren, die Spitzen beiseite legen. Den Rest hacken und unter die Eimischung ziehen. Je 4 Spargelspitzen in die Tassen stellen, mit der Eimischung auffüllen. Die Tassen in einen Bräter setzen und bis auf halbe Höhe der Tassen heißes Wasser dazugießen. Die Creme 30–35 Minuten im Ofen gar ziehen, bis sie soeben stockt. Aus dem Ofen nehmen, 5 Minuten abkühlen lassen.

4 Für die Chips ein Blech mit Backpapier auslegen und den Parmesan in vier Kreisen mit 6–7 cm Durchmesser aufstreuen. Für 4–5 Minuten in den Ofen schieben, bis der Käse zerlaufen und zart gebräunt ist. Vor dem Servieren auf jede Tasse 1 Parmesan-Chip geben.

Spargel-Eiercreme mit Parmesan-Chips

Heiße Schürzen für stilvolle Küchenfeen

Schürzen schützen einerseits die Kleidung beim Kochen vor Flecken und andererseits auch die Speisen vor Verunreinigungen. Nebenbei sind sie aber auch ein sehr reizendes Accessoire. Auf den folgenden Seiten finden Sie eine Nähanleitung für unseren Vintage-Patisserie-Vorbinder im Art-Deco-Stil sowie Schnittmuster für andere attraktive Schürzen.

Der klassische
Vintage-Patisserie-
Vorbinder

Pin-up-Schürze
mit
Anstecklatz

Kokette
Trägerschürze

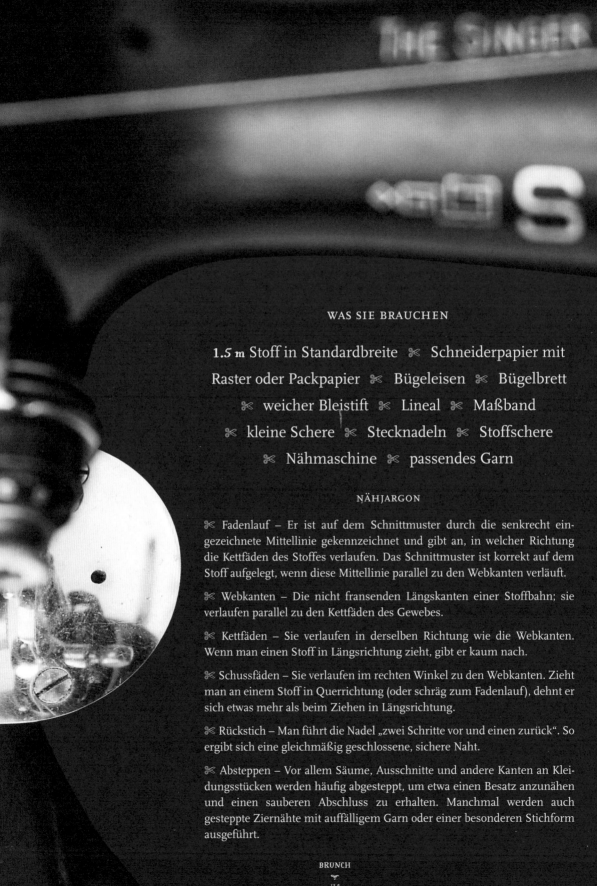

WAS SIE BRAUCHEN

1.5 m Stoff in Standardbreite ✂ Schneiderpapier mit
Raster oder Packpapier ✂ Bügeleisen ✂ Bügelbrett
✂ weicher Bleistift ✂ Lineal ✂ Maßband
✂ kleine Schere ✂ Stecknadeln ✂ Stoffschere
✂ Nähmaschine ✂ passendes Garn

NÄHJARGON

✂ Fadenlauf – Er ist auf dem Schnittmuster durch die senkrecht ein-
gezeichnete Mittellinie gekennzeichnet und gibt an, in welcher Richtung
die Kettfäden des Stoffes verlaufen. Das Schnittmuster ist korrekt auf dem
Stoff aufgelegt, wenn diese Mittellinie parallel zu den Webkanten verläuft.

✂ Webkanten – Die nicht fransenden Längskanten einer Stoffbahn; sie
verlaufen parallel zu den Kettfäden des Gewebes.

✂ Kettfäden – Sie verlaufen in derselben Richtung wie die Webkanten.
Wenn man einen Stoff in Längsrichtung zieht, gibt er kaum nach.

✂ Schussfäden – Sie verlaufen im rechten Winkel zu den Webkanten. Zieht
man an einem Stoff in Querrichtung (oder schräg zum Fadenlauf), dehnt er
sich etwas mehr als beim Ziehen in Längsrichtung.

✂ Rückstich – Man führt die Nadel „zwei Schritte vor und einen zurück". So
ergibt sich eine gleichmäßig geschlossene, sichere Naht.

✂ Absteppen – Vor allem Säume, Ausschnitte und andere Kanten an Kleidungsstücken werden häufig abgesteppt, um etwa einen Besatz anzunähen
und einen sauberen Abschluss zu erhalten. Manchmal werden auch
gesteppte Ziernähte mit auffälligem Garn oder einer besonderen Stichform
ausgeführt.

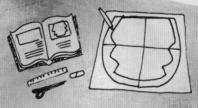

SCHRITT **1** Den Stoff bei der empfohlenen Höchsttemperatur waschen und trocknen lassen, im Anschluss sorgfältig glatt bügeln.

SCHRITT **2** Aus Schneiderpapier mit Raster oder Packpapier für die gewählte Schürze entsprechend den auf S. 50–51 angegebenen Maßen Schnittmuster anfertigen.

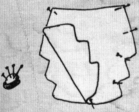

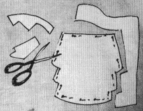

SCHRITT **3** Den Stoff der Länge nach zur Hälfte falten. Die Schnittmuster so auflegen, dass der Fadenlauf, also die senkrechte Mittellinie, und die Webkanten Parallelen bilden. Bei einem bedruckten Stoff sollte der Schnitt allerdings quer zum Fadenlauf beziehungsweise den Webkanten liegen.

SCHRITT **4** Schnittmuster ausrichten und feststecken. Stoff entlang der Konturen ausschneiden. Die Schnittmuster abnehmen.

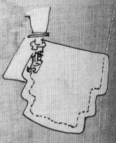

SCHRITT **5** Sie sollten nun jeweils zwei Teile haben: Schürze, Bänder ggf. Träger. Passende Teile rechts auf rechts aufeinanderlegen und zusammenstecken.

SCHRITT **6** Die jeweils passenden Teile nun mit 1,5 cm Nahtzugabe zusammennähen: An der Schürze die obere und bei den Bändern eine lange Kante offen lassen.

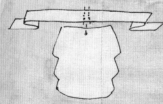

SCHRITT **7** Die Nahtzugabe an den Ecken V-förmig einschneiden und an geraden Strecken überschüssigen Stoff abschneiden. Rundungen ebenfalls V-förmig einschneiden, damit das Stück nach dem Wenden nicht beult.

SCHRITT **8** Die Nähte auseinanderbügeln, anschließend die Schürze auf rechts drehen und glatt bügeln. Schritte Nummer 7 und 8 für die Bindebänder (sowie gegebenenfalls für die Trägerbänder) wiederholen.

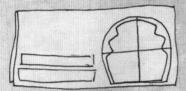

SCHRITT **9** Die Enden der beiden Bindebänderteile übereinanderlegen und zusammennähen. Die eigentliche Schürze in die noch offene Naht des Bindebands schieben.

SCHRITT **10** Mittelnaht des Bindebands und Mittellinie der Schürze in Übereinstimmung bringen. Die Teile zusammensteppen und dabei darauf achten, dass alle Stofflagen erfasst werden. Bei einer Trägerschürze zuletzt die Träger annähen.

Der klassische Vintage-Patisserie-Vorbinder

107 cm

x4

10 cm

8 cm

100 cm

34 cm

x2

37 cm

23.5 cm

9 cm

4 cm

Pin-up-Schürze mit Anstecklatz

107 cm

x4

10 cm

8 cm

100 cm

20.5 cm

32 cm

x2

29 cm

18 cm

28 cm

28 cm

x2

21 cm

43 cm

34 cm

40 cm

Kokette Trägerschürze

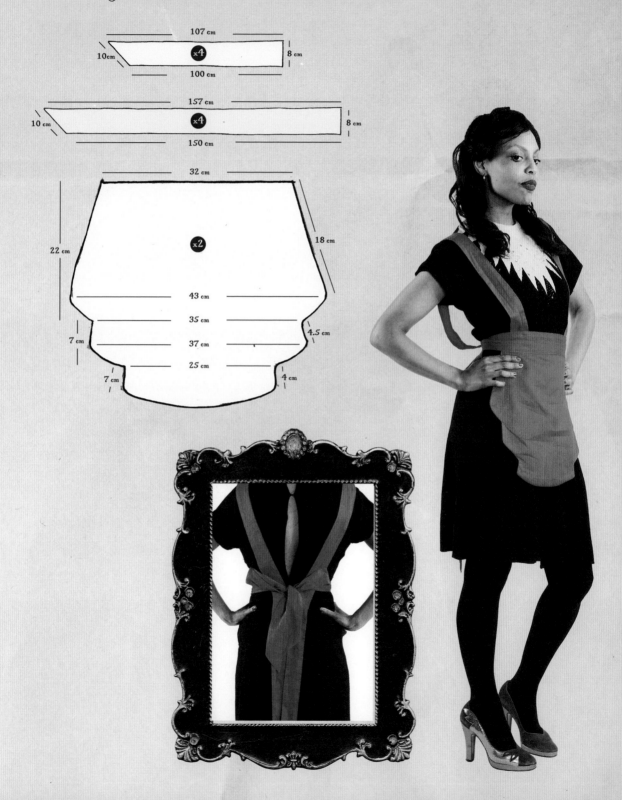

107 cm

x4

10 cm — 8 cm

100 cm

157 cm

x4

10 cm — 8 cm

150 cm

32 cm

x2

22 cm — 18 cm

43 cm

35 cm

37 cm — 4.5 cm

7 cm — 25 cm

7 cm — 4 cm

In edlen Porzellantassen gebacken sehen diese zarten Soufflés hinreißend aus. Beim Trennen der Eier ist absolute Sorgfalt geboten, denn schon der kleinste Dotterrest verhindert, dass sich fester Eischnee bildet. Auch müssen Schüssel und Quirle penibel sauber und trocken sein. Damit die Soufflés gleichmäßig aufgehen, wischt man zuletzt die Innenränder der gefüllten Formen sauber. Und schließlich: Öffnen Sie niemals die Backofentür vor Ende der Garzeit!

RÄUCHERLACHS-Soufflé

VORBEREITUNG
25–35 Minuten

BACKZEIT
10 Minuten

8 PORTIONEN

50 g Butter plus etwas
für die Tassen

50 g Mehl

300 ml Milch

3 Freilandeier, getrennt

Salz und Pfeffer

100 g Räucherlachs, gehackt

1 Den Backofen auf **200°C** vorheizen. Acht kleine Tassen oder Souffléformen dünn mit Butter ausstreichen.

2 Butter in einem Topf auf kleiner Stufe zerlassen, dann das Mehl unter ständigem Rühren eine Minute darin anschwitzen. Vom Herd nehmen. Langsam die gesamte Milch dazugießen, dabei unablässig mit einem Schneebesen rühren. (Falls die Sauce zuletzt noch Klümpchen aufweist, durch ein feines Sieb streichen.) Den Topf erneut aufsetzen und Mischung unter Rühren eindicken lassen. Zum Abkühlen vom Herd nehmen.

3 Eigelbe verquirlen, salzen und pfeffern. Wenn die Sauce so kühl ist, dass man einen Finger eintauchen kann, erst die Eigelbe und dann den Lachs unterziehen.

4 Eiweiße in einer sauberen, trockenen Schüssel zu steifem Schnee schlagen – aus der probehalber umgedrehten Schüssel darf nichts mehr herauslaufen. Den Eischnee behutsam unter die Räucherlachsmischung heben.

5 Die Masse in die vorbereiteten Tassen oder Förmchen füllen und glatt streichen, die Ränder innen abwischen. Für **10** Minuten in den Ofen schieben, bis die Soufflés luftig aufgegangen und gebräunt sind. Diese luftigen Leckerbissen sollten möglichst heiß serviert werden.

Fischküchlein gehören ohne Frage zu meiner Top Fünf nostalgischer Speisen. Wenn meine Mutter sie frittierte, war ich stets zur Stelle und wartete ungeduldig darauf, dass sie endlich abkühlten. Mum verwendete Lachs. Aber jeder Fisch eignet sich, auch eine Mischung. Mein Favorit ist geräucherter Schellfisch.

SCHELLFISCH-Kartoffel-Küchlein

VORBEREITUNG
40 Minuten

KOCHZEIT
20–25 Minuten

4 PORTIONEN

600 ml fettarme Milch

½ Zwiebel, geschält, aber unzerkleinert

1 Lorbeerblatt

225 g geräucherter Schellfisch, sorgfältig entgrätet

225 g Kartoffeln, geschält

25 g Parmesan, gerieben

Salz und schwarzer Pfeffer

1 Freilandei

etwas Mehl

100 g frische Weißbrotbrösel

Pflanzenöl zum Frittieren

1 In einem Topf 500 ml Milch mit der Zwiebel und dem Lorbeerblatt zum Köcheln bringen. Vom Herd nehmen, 15 Minuten ziehen lassen und erneut aufsetzen. Sobald die Milch wieder köchelt, den Fisch hineingeben und 7 Minuten garen. Aus der Milch nehmen, abkühlen lassen und fein zerpflücken.

2 Kartoffeln in der Milch in 10–15 Minuten gar kochen, dabei nach Bedarf etwas mehr Milch hinzufügen. Abgießen und das Lorbeerblatt entfernen. Kartoffeln mit dem Parmesan fein pürieren, salzen und pfeffern. Fisch untermengen, aus der Masse acht Küchlein formen.

3 Ei mit der restlichen Milch in einer Schüssel verquirlen. Mehl und Brotbrösel jeweils in eine Schüssel geben. Küchlein im Mehl wenden, in die Eiermilch tauchen und zuletzt in den Bröseln wenden.

4 In einen großen Topf 8 cm hoch Öl einfüllen und auf 160–180°C erhitzen oder Fritteuse benutzen. Küchlein portionsweise in 2–3 Minuten goldbraun frittieren, mehrmals wenden. Auf Küchenpapier abtropfen lassen und warm servieren.

Diese Happen sind dermaßen schottisch, dass ich manchmal bei ihrer Zubereitung am liebsten meine Schürze gegen einen Kilt tauschen möchte. Zwischen den herzhaften Oatcakes und der buttrigen Pastete herrscht perfekte Harmonie, in die die Whisky-Orangenmarmelade reizvoll hineinfunkt. Optisch besonders ansprechend und auch einfacher zu verspeisen als runde Plätzchen sind Dreiecke.

HERINGSPASTETE auf Haferplätzchen mit WHISKY-ORANGENMARMELADE

VORBEREITUNG
20–25 Minuten

8 PORTIONEN

300 g gekochte kalt geräucherte Heringsfilets (Kipper)

100 g Butter, zimmerwarm

2 TL trockener Sherry

frisch gemahlener schwarzer Pfeffer

1 TL gehackter Estragon

½ TL gemahlene Muskatblüte

16 Oatcakes (Haferplätzchen)

240 g Whisky-Orangenmarmelade (*siehe* Seite 85)

100 g Crème fraîche

Estragonsträußchen zum Garnieren

1 Heringsfilets enthäuten, zerpflücken und in eine Schüssel füllen.

2 Butter in einem Topf zerlassen. Mit einem großen Löffel die Eiweißrückstände von der Oberfläche abschöpfen. Die geklärte Butter über den Fisch gießen. Sherry, Pfeffer, Estragon und Muskatblüte hinzufügen. Alles mit einer Gabel zu einem groben Püree vermengen. Alternativ die Zutaten in den Mixer geben und in etwa 30 Sekunden gründlich vermischen. Die Pastete bis zur Verwendung in den Kühlschrank stellen.

3 Zum Servieren je zwei Haferplätzchen auf einen Teller legen. Großzügig mit der Marmelade bestreichen. Darauf 1 gehäuften TL der Pastete geben. Mit einem Klecks Crème fraîche krönen und mit Estragonsträußchen garnieren.

Ich hatte mich nie für gebratene Blutwurst erwärmen können und, wenn sie mir angeboten wurde, stets dankend abgelehnt. Das war nicht gerade fair, hatte ich sie doch nicht einmal probiert. Dann aber gab ich auf Drängen einer Freundin nach und war gleich so begeistert, dass ich seither immer wieder nach Wegen suche, um Blutwurst in meine Küche einzubeziehen. Die knusprig gebratenen Stückchen bilden mit ihrem würzigen, etwas salzigen Geschmack und der leicht körnigen Textur das perfekte Gegenstück zum zarten Schmelz der Jakobsmuscheln. Falls Sie also einmal einen Blutwurstskeptiker bekehren wollen, ist hier das optimale Rezept.

JAKOBSMUSCHELN
MIT KROSS GEBRATENER
BLUTWURST

VORBEREITUNG
15 Minuten
KOCHZEIT
4–5 Minuten
4 PORTIONEN

12 Jakobsmuscheln in der Schale

4 Scheiben Blutwurst

natives Olivenöl extra

Meersalz und
schwarzer Pfeffer

1 Muscheln aus den Schalen lösen (diese später zum Servieren verwenden). Nur den zähen Muskel nicht aber den orangefarbenen Rogen vom Muschelfleisch entfernen.

2 Blutwurst würfeln und in einer Pfanne in etwas Olivenöl in etwa 2 Minuten knusprig braten. Beiseite stellen.

3 Muscheln dünn mit Olivenöl einstreichen, salzen und pfeffern. Eine Pfanne kräftig erhitzen und die Muscheln von jeder Seiten 1 Minute braten, bis sie leicht gebräunt und karamellisiert sind. In vier Schalenhälften anrichten, mit der Blutwurst bestreuen und sofort servieren.

Für viele, mich eingeschlossen, sind Sausage Rolls – oder „Würstchen im Schlafrock" – entweder ein typischer Snack der Cocktailpartys unserer Eltern oder aber Conveniencefood, von dem man besser die Finger lässt. Doch mit frischen Zutaten und etwas Raffinesse zubereitet, entpuppen sie sich als echte kleine Leckerbissen. Ich ziehe morgens Hähnchen vor, aber Sie können nach Belieben auch anderes Fleisch, ja selbst Wurst verwenden.

Hähnchen-Speck-Kringel

VORBEREITUNG
20 Minuten

BACKZEIT
20 Minuten

ERGIBT
24 Kringel

2 Hähnchenbrustfilets ohne Haut und Knochen

1 Knoblauchzehe, zerdrückt

2 Freilandeier, separat verquirlt

1 EL Crème double

Salz und Pfeffer

250 g fertiger Blätterteig, in zwei Rollen
Mehl für die Arbeitsfläche

8 dünne Scheiben durchwachsener Speck

1 großes Bund Basilikum, Blätter abgezupft

25 g Sesamsamen

1 Hähnchenfleisch mit Knoblauch in der Küchenmaschine fein hacken, anschließend ein verquirltes Ei und die Crème double untermischen, etwas salzen und pfeffern. Beiseite stellen.

2 Auf einer bemehlten Arbeitsfläche eine Teigrolle ausbreiten. Die Hälfte des Specks darauflegen – an den kurzen Seiten jeweils 15 mm Rand lassen. Die Hälfte des Basilikums daraufstreuen. Nun die Hälfte der Fleischfarce entlang dem unteren Rand verteilen und zu einer Rolle formen. Den oberen Rand dünn mit dem zweiten Ei bestreichen. Das Teigstück nach oben aufrollen, so dass die Farce fest umschlossen ist, zuletzt den oberen Teigrand gut andrücken. Die restlichen Zutaten genauso verarbeiten. Die Rollen in Frischhaltefolie wickeln und für 10 Minuten in den Kühlschrank legen. Den Backofen auf 200°C vorheizen.

3 Die Rollen aus dem Kühlschrank nehmen, auswickeln und jeweils in zwölf Scheiben schneiden. Zwei Bleche mit Backpapier auslegen und die Scheiben daraufgeben. Mit dem restlichen Ei bestreichen, mit dem Sesam bestreuen und in 20 Minuten goldgelb backen.

Aus feinem Kartoffelpüree und knusprigem Speck entsteht eine herrliche Beilage zu dem übrigen herzhaften Frühstücksangebot. Die Kartoffelplätzchen lassen sich im Voraus zubereiten. Bis zur Ankunft der Gäste werden sie dann einfach kalt gestellt.

KARTOFFEL PLÄTZCHEN MIT SPECK

VORBEREITUNG
20 Minuten

KOCHZEIT
6 Minuten

4 PORTIONEN

6 Scheiben durchwachsener Speck

300 g fein zerdrückte gekochte Kartoffeln (nach dem Abgießen und vor dem Pürieren zunächst 5 Minuten abdampfen lassen)

4 Frühlingszwiebeln, in Scheiben geschnitten

2 EL Mehl

ausgelassenes Speckfett zum Braten

1 Speck knusprig braten und auf Küchenkrepp abtropfen lassen, dann über einer Schüssel zerkrümeln. Kartoffeln, Frühlingszwiebeln und 1 EL Mehl dazugeben. Alles gründlich vermengen.

2 Die Hände mit dem restlichen Mehl bestäuben. Aus der vorbereiteten Masse zwölf pflaumengroße Kugeln rollen und flach drücken, bis etwa 5 mm dicke, runde Plätzchen entstehen.

3 Die Kartoffelplätzchen entweder ohne Zugabe von Fett in einer beschichteten Pfanne beiderseits in 3 Minuten kräftig bräunen oder aber in Speckfett braun braten.

Ich liebe Wachteleier, doch hasse ich es, sie zu pellen. Das aber nehme ich gern in Kauf für diese Variante der „schottischen Eier": kleine Leckerbissen, die mit ihrer knusprigen Fleischhülle und einem Hauch von Zitrone geradezu unwiderstehlich sind. Noch ein heißer Tipp zum Pellen: Die gekochten Eier 12 Stunden in Essig einlegen. So löst sich die Schale auf, und man muss nur noch die Haut abziehen.

ZITRONIGE SCOTCH EGGS VON DER WACHTEL

VORBEREITUNG
25–30 Minuten
KOCHZEIT
10–15 Minuten
4–6 PORTIONEN

350 g Wurstbrät guter Qualität oder Chipolatas, enthäutet

abgeriebene Schale von 1 unbehandelten Zitrone

1 kleines Bund Thymian, Blättchen abgestreift

12 Wachteleier

etwas Mehl

1 Freilandei, gründlich verquirlt

400 g feine selbstgemachte Weißbrotbrösel

Sonnenblumenöl zum Frittieren

1 In einer Schüssel Wurstbrät oder Chipolatas mit Zitronenschale und Thymianblättchen gründlich vermengen.

2 Wachteleier in einem Topf mit kaltem Wasser aufsetzen. Zum Köcheln bringen und **3** Minuten garen, danach **3** Minuten lang kalt abspülen. Eier pellen und in Mehl wälzen. In der Handfläche **1** gehäuften EL der Fleischmasse flach drücken und dann zu einer kleinen Schale formen. Ein Ei hineingeben und die Fleischmasse sorgfältig darüber verstreichen. In Mehl wälzen, im verquirlten Ei wenden und zuletzt mit den Brotbröseln überziehen. Die restlichen Eier genauso verarbeiten.

3 In einen großen, schweren Topf **8** cm hoch Öl einfüllen und auf **160–180°C** erhitzen (hierzu wird ein Fettthermometer benötigt). Sie können auch eine Fritteuse verwenden. Die Scotch Eggs portionsweise in **2–3** Minuten goldbraun frittieren, dabei mehrmals wenden. Mit einer Schaumkelle herausheben, auf Küchenpapier abtropfen lassen und dann sofort servieren.

Mit pikanter Schärfe attackieren diese Nierchen den Gaumen, deshalb sperre ich sie lieber hinter Gitter. Die knusprigen Brotstreifen verleihen dem Klassiker besonderen Biss und STIL!

PiKANTE LaMMNiEREN iM KäFiG

VORBEREITUNG
20 Minuten
KOCHZEIT
15 Minutes
2 PORTIONEN

100 g Butter

2 Scheiben Weißbrot

6 Lammnieren, geputzt und geviertelt

1 kräftige Prise Cayennepfeffer

2 TL Worcestershiresauce

½ TL Senfpulver

1 EL Zitronensaft

1 EL gehackte Petersilie

1 Den Backofen auf **180°C** vorheizen. Ein Viertel der Butter zerlassen und zwei Teetassen oder Dariolförmchen außen damit einpinseln. Umgedreht auf ein Backblech setzen.

2 Für die Käfige Brotscheiben von Rinde befreien und mit einem Nudelholz flach ausrollen. Auf beiden Seiten mit der Hälfte der restlichen Butter bestreichen. In 5 mm breite Streifen schneiden. Zu zwei Gittern flechten und erneut ausrollen. Die Gitter vorsichtig über die umgedrehten Tassen oder Förmchen legen und in etwa 7 Minuten goldbraun backen. Aus dem Ofen nehmen und 5 Minuten abkühlen lassen.

3 Eine Pfanne erst trocken erhitzen, dann die restliche Butter darin schmelzen. Die Nieren hineingeben und braten, dabei häufig schwenken, sodass sie gleichmäßig garen. Wenn sie gebräunt sind, Cayennepfeffer, Worcestershiresauce, Senfpulver und Zitronensaft hinzufügen. Weitere 2 Minuten garen, dabei rühren bis die Nieren gleichmäßig mit Sauce überzogen sind. Die Petersilie hinzugeben.

4 Die Nieren auf zwei Tellern anrichten. Über jede Portion behutsam einen Käfig stülpen und das Gericht servieren.

GESCHIRR bemalen

Ich vergleiche den Kauf von Geschirr oft mit dem Kauf von Kleidung. Manchmal sagt mir die Form eines Stücks besonders zu, dann wieder gefällt mir vor allem das Muster. Wenn ich ein vom Schnitt her perfektes Kleid finde, das Dessin allerdings nicht mag, dann färbe ich es kurzerhand. Lange war mir nicht bewusst, dass es auch Porzellanmalfarben gibt, die man im ganz normalen Backofen einbrennen kann. Absolut genial! Wenn Sie also das nächste Mal einen Trödelladen oder bei Ihrer Großmutter die Schränke durchstöbern, lassen Sie sich von abschreckenden Dekors nicht irritieren. Greifen Sie zu Pinsel und Farben und werden Sie kreativ!

WAS SIE BRAUCHEN

Zeitungspapier ✄ altes Geschirr ✄ Tuch ✄ Porzellan-malfarben (in verschiedenen Tönen, darunter Weiß für die Grundierung; Metallicfarben sind besonders effektvoll) ✄ Einmalhandschuhe aus Kunststoff ✄ Mal-schwämmchen oder Pinsel (in verschiedenen Stärken) ✄ Malerkrepp ✄ Schere

SCHRITT 1 Eine großzügig bemessene, saubere und trockene Arbeitsfläche zum Schutz gegen Farbkleckst mit Zeitungspapier auslegen. Das Geschirr mit einem Tuch sorgfältig von Schmutz- und Staubresten befreien.

SCHRITT 2 Zunächst die einzelnen Geschirrteile in Weiß grundieren. Gleichmäßiger gelingt die Grundierung in der Regel, wenn man das Stück dafür in die (mit einem Handschuh geschützte) Hand nimmt. Die Farbe nicht zu dick auftragen, sonst entstehen während des Trocknens „Nasen". Für ein streifenfreies Ergebnis empfehlen sich beim Grundieren eher Schwämmchen als Pinsel.

SCHRITT 3 Falls das Ursprungsdekor noch durchschimmert, nach Bedarf ein zweites Mal grundieren. Vor dem weiteren Bemalen muss die Farbe gründlich trocknen – dies dauert, grob gesagt, etwa 20 Minuten. Grundieren Sie zunächst sämtliche Teile. Bis das Letzte an der Reihe war, ist das erste schon getrocknet und damit bereit für den nächsten Schritt.

SCHRITT 4 Überlegen Sie sich ein Dekor – etwa Streifen, Schachbrettmuster oder auch Freestyle – und die Farben: nur ein einziger Kontrast zum weißen Grund oder vielleicht eine Kombination aus mehreren Tönen?

SCHRITT 5 Mit Malerkrepp die Bereiche abkleben, die weiß bleiben sollen. Halbiert man das Band für schmalere Streifen längs mit der Schere, ergibt sich nicht unbedingt eine schnurgerade Kante. Dies kann unsaubere Grenze zwischen den Farbfeldern zur Folge haben. Nutzen Sie daher zum Abtrennen immer die Außenkante dieser Bandabschnitte und kleben Sie zwei Stücke exakt übereinander. So erhalten Sie präzise Farbgrenzen. Vor dem Aufkleben des Abdeckbands muss die Grundierung komplett getrocknet sein, sonst wird sie später beim Entfernen der Bänder mit abgezogen. Zum Ausfüllen größerer Flächen nimmt man ein Schwämmchen und für kleine Bereiche einen feinen Pinsel.

SCHRITT 6 Nachdem die Bemalung getrocknet ist, vorsichtig die Bänder abziehen. Wenn viel Farbe auf den Bändern klebt, können Fetzen davon beim Abziehen am Malgrund hängen bleiben. Man kann sie vorsichtig abschneiden oder umschlagen und andrücken.

SCHRITT 7 Den Backofen entsprechend der Angaben des Farbenherstellers vorheizen und Geschirr im Ofen brennen. In der Regel dauert das ca. 45 Minuten. Halten Sie aber ein Auge darauf, um zu vermeiden, dass die Farben schon früher dunkel werden. In dem Fall das Geschirr früher herausnehmen.

Gebackener Brie ist an sich schon ein Gaumenschmeichler. In Kombination mit knackigen Mandeln und zartem Blätterteig verspricht er sündigen Hochgenuss.

Gebackener Brie mit Mandeln in Blätterteig

VORBEREITUNG
5–10 Minuten

BACKZEIT
15–20 Minuten

8 PORTIONEN

1 EL Butter für die Form

1 ganzer Briekäse (225-250 g)

125 g fertiger Blätterteig

Mehl für die Arbeitsfläche

50 g gehobelte Mandeln

1 Den Backofen auf **180°C** vorheizen. Eine Pie- oder Tarte-Form (23 cm Durchmesser) dünn mit Butter ausstreichen.

2 Den Käse waagerecht durchschneiden, sodass sich zwei etwa gleich dicke runde Scheiben ergeben.

3 Blätterteig auf einer leicht bemehlten Arbeitsfläche mit einem Nudelholz **5 mm** dick ausrollen und in die vorbereitete Form legen. Eine Käsehälfte mit der Rinde nach unten daraufgeben. Gleichmäßig mit den Mandeln bestreuen und mit der zweiten Käsescheiben – Rinde nach oben – bedecken. Die Teigränder über den Käse schlagen, die Kanten mit etwas Wasser bestreichen und sorgfältig zusammendrücken.

4 Den Brie in Blätterteig **15–20** Minuten backen. Vor dem Servieren **5** Minuten abkühlen lassen.

Als eine Freundin mir erzählte, dass man aus Hüttenkäse Pfannkuchen zubereiten kann, musste ich sofort die Probe aufs Exempel machen. Und wirklich: Was dieses optisch wie geschmacklich im Grunde fade Produkt hergibt, ist überraschenderweise sehr delikat. Ich lasse daher meine Freunde immer erst probieren, bevor ich ihnen die Hauptzutat verrate.

KLEINE HÜTTENKÄSE- PFANNKUCHEN

VORBEREITUNG
10 Minuten

KOCHZEIT
10–20 Minuten

16 STÜCK

3 große Freilandeier, getrennt

200 g Hüttenkäse

25 g extrafeiner Zucker

40 g Mehl

½ TL Backpulver

¼ TL gemahlener Zimt

1 Prise Salz

1 EL Butter für die Pfanne

abgeriebene Schale von 1 unbehandelten Zitrone
plus 1 Zitrone, in Spalten geschnitten

Puderzucker zum Bestäuben

1 In einer Schüssel die Eiweiße zu festem, glattem Schnee schlagen.

2 In einer mittelgroßen Schüssel Eigelbe, Hüttenkäse, Zucker, Mehl, Backpulver, Zimt und Salz verrühren. Ein Drittel des Eischnees mit einem Schneebesen unterziehen, den Rest mit einem Spatel behutsam unterheben.

3 Eine beschichtete oder gusseiserne Pfanne mit Butter einfetten und auf mittlerer bis hoher Temperatur erhitzen. Die Pfannkuchen portionsweise zubereiten. Dafür pro Pfannkuchen etwa 1 EL Teig in die Pfanne geben. 3-4 Küchlein können gleichzeitig gebacken werden. Wenn sich nach etwa 1 Minute auf der Oberseite Blasen bilden und die Ränder leicht trocken sind, die Pfannkuchen wenden und backen, bis sie auf der Unterseite goldbraun sind. Herausnehmen und warm halten, bis der gesamte Teig verarbeitet ist.

4 Die Pfannkuchen mit Zitronenschale und Puderzucker bestreuen. Mit Zitronenspalten servieren.

Es gibt zwei Dinge, die mich unweigerlich zum Lächeln bringen: Blumen und Kartoffeln. Hier werden die fein gehobelten Knollen ohne Zugabe von Wasser nur in Butter gegart, sodass ihre Stärke erhalten bleibt und sie mit den Zwiebeln zu köstlichen „Tellerblüten" verschmelzen.

ZWIEBEL-UND-KARTOFFEL BLÜTE

VORBEREITUNG
25 Minuten

KOCHZEIT
55–60 Minuten plus
10 Minuten Ruhzeit

4 PORTIONEN

100 g Butter, zerlassen und noch warm

500 g Zwiebeln, in Scheiben geschnitten

Salz und schwarzer Pfeffer

2 Rosmarinzweige plus mehr zum Garnieren

400 g vorwiegend festkochende Kartoffeln

1 Vier Tartelette-Formen von etwa 5 cm Durchmesser oder eine größere Gratinform mit Backpapier auslegen. Den Backofen auf **190°C** vorheizen.

2 Ein Viertel der Butter in einer Pfanne mit hohem Rand auf mittlerer Stufe erhitzen. Zwiebeln mit etwas Salz und den Rosmarinzweigen dazugeben. Zugedeckt auf kleinerer Stufe etwa **20** Minuten dünsten. Rosmarin entfernen, Zwiebeln beiseite stellen.

3 Kartoffeln schälen und sogleich über einer Schüssel mit der restlichen warmen Butter in feine Scheiben hobeln – je dünner, desto besser. Gut mit der Butter durchmischen, salzen und pfeffern.

4 Die Hälfte der Kartoffeln leicht überlappend in die Formen legen, sodass sich eine Blütenform ergibt. Dann die Zwiebeln daufgeben und wie zuvor eine zweite Schicht Kartoffeln einfüllen.

5 Im Ofen **35–40** Minuten garen, bis die Kartoffeln weich sind. Herausnehmen, noch **10** Minuten in den Formen ruhen lassen. Die „Blüten" auf Tellern anrichten, mit Rosmarinzweigen garnieren und servieren.

Je exotischer die Pilzmischung ist, die Sie verwenden, desto interessanter wird natürlich dieses Gericht. Mit etwas Sahne und einem Hauch Estragon verfeinert, garantiert es pure Gaumenfreude. Keine Angst übrigens vor Melba-Toasts. Sie sind gar nicht so schwer selbst herzustellen und das Ergebnis ist es alle Mal wert.

PILZE auf MELba-Toast

VORBEREITUNG
5–10 Minuten

KOCHZEIT
5–6 Minuten

4 PORTIONEN

Öl zum Braten

4 große Handvoll gemischte Pilze, etwa Austernpilze, Shiitake, braune und weiße Champignons

1 Knoblauchzehe

1 EL Butter

4 EL Crème double

1 kleine Handvoll Estragon, gehackt

Salz und schwarzer Pfeffer

4 Scheiben Weißbrot

essbare Nelkenblütenblätter zum Garnieren

1 Eine Pfanne erst trocken erhitzen, dann etwas Öl hineingeben. Die Pilze mit der Knoblauchzehe 1–2 Minuten braten, durchmischen und noch 1 Minute braten. Butter unterziehen, Knoblauchzehe entfernen. Crème double und Estragon gründlich einrühren und mit Salz und Pfeffer abschmecken. Vom Herd nehmen und beiseite stellen.

2 Den Grill auf höchster Stufe vorheizen. Für die Melba-Toasts die Brotscheiben rösten und mit einem Plätzchenausstecher nach Wahl Formen ausstechen. Die Toastscheiben waagerecht halbieren. Die nun ganz dünnen Scheiben für einige Minuten unter den heißen Grill schieben, bis sie knusprig und schön gebräunt sind, dabei einmal wenden.

3 Sofort die Pilze auf den Toasts anrichten. Mit Nelkenblütenblättern garnieren und servieren.

Ich habe mich immer gefragt, wo sich im Rarebit das „rabbit", sprich das Kaninchen versteckt... Jedenfalls erweise ich ihm bei dieser Variante des britischen Klassikers mit etwas Schnittlauchgras meine Reverenz.

RAREBIT MIT PORREE, ZIEGEN-FRISCHKÄSE UND SCHNITTLAUCH

VORBEREITUNG
10 Minuten

KOCHZEIT
12–15 Minuten

4 PORTIONEN

1 Ciabatta-Brot

50 g Butter

2 zarte Stangen Porree, in feine Scheiben geschnitten

25 g Mehl

1 TL Senfpulver

150 ml Milch

125 g Ziegenfrischkäse

Salz und schwarzer Pfeffer

1 kleines Bund Schnittlauch, gehackt, zum Garnieren

1 Den Backofen auf **180°**C vorheizen. Das Brot in **2** cm dicke Scheiben schneiden und im Ofen **5–8** Minuten goldbraun rösten. Auf ein Drahtgitter geben, damit sie knusprig bleiben, bis das Rarebit angerichtet wird.

2 Butter in einem mittelgroßen Topf zerlassen. Porree auf kleiner Stufe in **2–3** Minuten weich schwitzen, aber nicht bräunen. Mehl und Senfpulver untermischen, dann langsam die Milch einrühren. Erhitzen, bis die Milch köchelt und sich eine sämige Sauce bildet.

3 Zuletzt den Käse dazugeben und auf kleiner Stufe rühren, bis er geschmolzen ist. Kräftig mit Salz und Pfeffer würzen. Den Grill auf höchster Stufe vorheizen.

4 Das Lauchgemüse auf die Röstbrotscheiben geben. Für **2** Minuten unter den Grill schieben, bis es leicht gebräunt ist und leise Blasen schlägt. Mit Schnittlauch bestreuen und sofort servieren.

BLUMEN arrangieren

Sonntags besuche ich oft einen Blumenmarkt, der in meiner Nähe in einem Wohngebiet abgehalten wird. Er verrät sich lediglich durch die Leute, die mir in den ruhigen Straßen mit dicken Sträußen im Arm entgegenkommen.

Schon bei ihrem Anblick jubelt mein Herz. Wenn ich dann um die letzte Ecke biege und den Markt sehe, kommt es mir vor, als sei ich in eine entrückte Zauberwelt eingetaucht. Ich staune und schnuppere selig. Oft kaufe ich Blumen für andere, manchmal sind sie auch ein Geschenk an mich selbst, und immer freue ich mich darüber.

Für mich dürfen Blumen, wenn man Gäste hat, auf keinen Fall fehlen. Eine Teeparty soll alle Sinne ansprechen, lassen Sie sich also etwas einfallen. Bei mir kommen zur Blumenpräsentation alle möglichen Dinge zum Einsatz, zum Beispiel ausrangierte Teekannen ohne Deckel, Milchkännchen, Zuckerdosen ... selbst Kerzenhalter!

Für die hohe Kunst der Inszenierung könnten Sie sich Steckmoos besorgen, wie es Floristen verwenden. Es gibt Schnittblumen sicheren Halt und lässt sich, damit sie frisch bleiben, mit Wasser tränken. Wo immer Ihre Phantasie Sie hintreibt, haben Sie Spaß! Meine Blumenfavoriten wechseln je nach Jahreszeit. Ich will Sie Ihnen verraten:

 June: *Rose* Sie ist die symbolträchtigste aller Blumen, weshalb ich mit dem Monat Ihrer Blütezeit beginne. Die Rose ist ein Sinnbild der Romantik und erzählt von vergangenen Zeiten. Zu den alten Sorten gehören die Teerose sowie die Damaszenerrose, von der ein betörend lieblicher Duft ausgeht. Beide bilden gefüllte Blüten, die sich, einzeln in Teetassen platziert und im Haus verteilt, prächtig machen. Man kann sie auch gut trocknen und die Blütenblätter dann auf dem Tisch ausstreuen.

 Juli: *Rittersporn* Blau bis Dunkellila und einfach wunderschön.

 August: *Mohn* Dramatischer Auftritt voller Feuer und Leidenschaft.

 September: *Aster* Mit der Form ihrer Blüten erweist sie ihrem Namen, der auf das altgriechische Wort für „Stern" zurückgeht, wahrlich alle Ehre.

 Oktober: *Calendula* Bekannt ist sie auch als „Ringelblume". Das Farbspektrum reicht von Blassgelb bis zu leuchtendem Orangerot.

 November: *Chrysantheme* Die stattlichen Blüten leuchten oft in spektakulären Pinktönen. Präsentieren Sie sie, mit einem Satinband gebunden, in einem alten Vogelbauer oder in einer kultigen Teekanne.

 Dezember: *Dahlie* Sie gefällt mir am besten mit langen, zipfeligen Blütenblättern in dunklem, samtigem Rot. Dekoklassiker für diese Jahreszeit sind natürlich Stechpalme und Mistelzweige.

 Januar: *Schneeglöckchen* Die anmutig nickenden, zarten Blüten kommen in nostalgischen Gläsern besonders zauberhaft zur Geltung.

 Februar: *Veilchen* Einfach reizend sind die violetten Blüten mit oft herzförmigen Blütenblättern – der perfekte Valentinsgruß.

 März: *Narzisse* Ein Botschafter des Frühlings mit betörendem Duft.

 April: *Wicke* Bereits seit dem 17. Jahrhundert wird sie wegen ihrer hübschen Farben – von Purpur über Rosa bis zu Weiß – und ihres intensiven Dufts kultiviert.

 Mai: *Maiglöckchen* In einer Teekanne präsentiert, entfalten diese kleinen Schönheiten glamourös ihre damenhafte Eleganz.

Dies ist eines meiner Frühstücks-Highlights: Nuss-Nougat-Creme und süßes, butteriges Hefebrot verschmelzen zu einer Art verführerisch schokoladiger „Armer Ritter". Ganz wichtig ist es, die Herzen lang genug zu braten, sodass man anschließend an ihnen genussvoll knuspern kann.

Heiße SCHOKOLADENHERZEN

VORBEREITUNG
10 Minuten

KOCHZEIT
8–10 Minuten

6 STÜCK

1 süßes Hefebrot

6 EL Nuss-Nougat-Creme

1 Freilandei, verquirlt

10 g Butter

1 Das Hefebrot in etwa 1 cm dicke Scheiben schneiden – insgesamt werden zwölf Stück benötigt.

2 Auf sechs Scheiben je 1 EL Nuss-Nougat-Creme verstreichen und die restlichen Scheiben darauflegen. Mit einem Plätzchenausstecher Herzen ausstechen.

3 Die Sandwiches einzeln im verquirlten Ei wenden. Butter in einer Pfanne auf mittlerer Stufe zerlassen und die Schokoladenherzen von beiden Seiten goldbraun braten. Sofort servieren.

In England hat dieser luftig leichte, feinwürzige Kuchen eine große Tradition. Seine Süße erhält er durch frische Früchte und oft durch Honig. Hier präsentiere ich eine ziemlich gesunde, da sehr fettarme Version, bei der Pflaumen und Honig ein süßes Dreamteam bilden. Schön auch: Man muss den Teig nicht heftig schlagen, sondern er wird nur kurz mit einem Holzlöffel angerührt – und fertig! Servieren Sie den Kuchen warm entweder, wie er ist, oder dick mit Butter bestrichen (was natürlich die Kalorienbilanz erheblich verändert). Ich genieße ihn gern getoastet mit einem großen Becher Tee.

Teekuchen mit PFLAUMEN und Honig

VORBEREITUNG
10–15 Minuten

BACKZEIT
50–55 Minuten

EIN KASTENKUCHEN
von 450 g

200 g Mehl

1 TL Backpulver

1 TL Speisenatron

1 TL gemahlener Zimt

¼ TL geriebene Muskatnuss

½ TL Salz

175 ml Buttermilch oder 175 g Joghurt

125 ml Honig

2 EL Pflanzenöl

1 Freilandei, verquirlt

3 Pflaumen, entsteint und gehackt

60 g Walnusskerne, gehackt

Butter oder Öl für die Form

1 Den Backofen auf 160°C vorheizen. Eine Kastenform fetten. Mehl, Backpulver, Speisenatron, Gewürze und Salz in eine große Schüssel sieben. Die trockenen Zutaten gründlich vermischen. In einer separaten Schüssel Buttermilch oder Joghurt mit dem Honig, dem Öl und dem Ei gut verrühren. Diese Mischung unter die trockene Zutaten mengen, dann noch die Pflaumen und Walnüsse unterziehen.

2 Den Teig in die Form gießen und den Kuchen 50–55 Minuten backen. In der Form leicht abkühlen lassen, dann stürzen und warm servieren.

Schnelle Erdbeerkonfitüre

Whisky-Orangenmarmelade

Orange and Lemon Curd

MARMELADEN KOCHEN

Marmeladekochen ist wunderbar. Wenn der fruchtig-süße Duft durch die leicht dampfige Küche zieht, fühle ich mich zurückversetzt in Zeiten, als ich bei meiner Großmutter auf einem Stuhl neben dem Herd stand und langsam in einem großen Topf rührte. Sollten Sie noch nie selbst Konfitüre oder Marmelade gemacht haben, werden Sie sich wundern, wie einfach das geht. Nur müssen alle Utensilien makellos sauber sein, damit die Früchte Ihrer Arbeit nicht gleich verderben. Das Beste an der Sache ist, wie ich finde, dass man alle möglichen spannenden Aromen kombinieren kann. Kiwi-Ananas gefällig?

Ein kinderleichtes Rezept, perfekt also für den ersten Versuch. Der Zitronensaft dient nicht allein dem Geschmack, sondern lässt die Konfitüre auch besser gelieren (eigentlich sorgt dafür das Pektin in den Früchten, doch Erdbeeren enthalten davon nur sehr wenig). Damit die Konfitüre optimal gelingt, halten Sie Ausschau nach besonders süßen und aromatischen Erdbeeren.

SCHNELLE ERDBEER-KONFITÜRE

VORBEREITUNG
35 Minuten
KOCHZEIT
1 Stunde
2 GLÄSER
je 375 g

400 g Erdbeeren, halbiert

450 g extrafeiner Zucker

4 TL frischer Zitronensaft

1 Erdbeeren und Zucker in einem mittelgroßen Topf vermengen. Bei mittlerer bis hoher Temperatur unter häufigem Rühren erhitzen, bis die Mischung köchelt. Auf mittlerer Stufe etwa **1** Stunde köchelnd eindicken lassen, dabei gelegentlich durchmischen. Vom Herd nehmen und den Zitronensaft einrühren.

2 Während die Konfitüre köchelt zwei Gläser mit Schraubdeckel in heißem Wasser mit Spülmittel gründlich reinigen, danach warm abspülen und die Deckel in kochendem Wasser sterilisieren. Den Backofen auf **140°C** vorheizen. Die Gläser darin kopfüber auf einem Rost etwa **30** Minuten trocknen und sterilisieren.

3 Die Konfitüre in die warmen Gläser füllen. Verschließen, abkühlen lassen und danach in den Kühlschrank stellen. So hält sich die Konfitüre **6** Monate.

So ein cremiges süß-saures Lemon-Curd, ist auf seine Weise ein herrlicher Gaumenkitzel. Hier mischen zusätzlich Orangen mit, die die Säure etwas zähmen, für mehr Geschmacksfülle sorgen und die Creme in Sonnengelb erstrahlen lassen. Diese Curd-Variante ist außerordentlich vielseitig: fabelhaft auf gebuttertem Toast, aber auch köstlich als Füllung in einem dunklen Schokoladenbiskuit (dafür die Creme mit ein wenig Sahne anrühren), für ein Blitzdessert auf zerstoßene Baisers, Erdbeeren und Joghurt klecksen oder auch großzügig auf einen Käsekuchen streichen. Für mich der Hit schlechthin sind Pfannkuchen, bestreut mit Blaubeeren und Himbeeren und darauf ein Löffel von diesem Curd – himmlisch!

ORANGE AND LEMON CURD

VORBEREITUNG
35 Minuten
KOCHZEIT
15–20 Minuten
2 GLÄSER
je 375 g

125 g Butter

250 g extrafeiner Zucker

Abrieb und Saft von
je 2 Bio-Zitronen und Orangen

4 große Freilandeier, verquirlt

1 Als Erstes zwei Gläser mit Schraubdeckel sterilisieren, wie links in Schritt 2 beschrieben.

2 Butter in kleine Stücke schneiden. Mit dem Zucker sowie der Schale und dem Saft der Zitronen und Orangen in einen Topf mit schwerem Boden geben. Sanft erwärmen und dabei ständig rühren, bis sich der Zucker aufgelöst hat. Die Eier hinzufügen und weitere **5–10** Minuten rühren, bis die Mischung cremig eindickt.

3 Die Creme in die warmen Gläser gießen. Verschließen, abkühlen lassen und danach in den Kühlschrank stellen. So hält sich das Curd **6** Monate.

Mit ihrem vollen, kräftigen Geschmack ergänzt diese Marmelade vorzüglich herzhafte Speisen wie die Heringspastete auf Seite 56. Ich esse sie auch gern zu pikantem Käse, etwa Cheddar oder Stilton. Und wenn man ein paar Löffel von ihr in einen Rührteig mischt, erhält man einen herrlich saftigen Orangenkuchen.

WHISKY-ORANGEN MARMELADE

VORBEREITUNG
35 Minuten

KOCHZEIT
25–30 Minuten

6 GLÄSER je 375 g

850 g fein geschnittene Sevilla-Orangen aus der Dose (z. B. von Ma Made online erhältlich)

150 ml Whisky

1,8 kg extrafeiner Zucker

425 ml Wasser

10 g Butter

1 Sterilisieren Sie die Gläser wie auf der gegenüberliegenden Seite beschrieben.

2 Die Orangen in einen großen Topf (Fassungsvermögen 4,5 l) füllen, Wasser und zuletzt den Whisky dazugießen. Alles auf mittlerer Stufe erhitzen.

3 Den Zucker untermischen. Einmal aufkochen lassen, dabei kontinuierlich mit einem Holzlöffel rühren. Nach dem ersten Aufwallen die Hitze sogleich drosseln und die Marmelade noch 15 Minuten kochen lassen, dabei ab und zu rühren. Nach Bedarf etwas Butter zugeben – so löst sich der Schaum auf.

4 Den Topf vom Herd nehmen und die Gelierprobe machen. Dafür ½ TL der Marmelade auf eine kalte Untertasse klecksen und für 2 Minuten in den Kühlschrank stellen. Bildet sich eine Haut, die sich bei Berührung mit dem Finger leicht kräuselt, ist die richtige Konsistenz erreicht. Andernfalls die Marmelade noch einige Minuten kochen lassen und die Probe wiederholen.

5 Die Marmelade 2–3 Minuten ruhen lassen. In die warmen Gläser gießen und gut umrühren, damit sich die Schalenstreifen gleichmäßig verteilen. Verschließen und abkühlen lassen. Die Marmelade hält sich 6 Monate.

BROT BACKEN

Brot backen oder Brot essen – was macht glücklicher? Ich kann mich nie so richtig entscheiden. Jedenfalls ist beides zusammen für mich fast zu viel des Guten, zumal sich, wenn man den Backdreh einmal heraushat, endlose Variationsmöglichkeiten auftun. Frisches, warmes Brot ist zusammen mit meinen Würzbuttern und herzhaften Aufstrichen (*siehe Seite 120*) megalecker. Für das richtige Tea-Party-Feeling stellen Sie Mini-Brötchen her.

KRÄUTERBRÖTCHEN

VORBEREITUNG
20 Minuten plus
30 Minuten Ruhezeit
BACKZEIT
30 Minuten
12 PORTIONEN

1 kg backstarkes Weizenmehl (Type 550)

30 g frische Hefe

3 EL Oliven- oder Rapsöl plus etwas für die Schüssel und zum Bestreichen des Teigs

20 g Salz

1 Handvoll gemischte frische Kräuter, etwa Salbei, Rosmarin und Thymian, gehackt

Kürbiskerne oder Kümmel-, Mohn- oder Sesamsamen zum Bestreuen (nach Belieben)

1 Mehl, Wasser, Hefe und Öl in einer Schüssel vermengen, bis ein zusammenhängender Teig entsteht. Auf eine bemehlte Arbeitsfläche geben, **10** Minuten kräftig kneten und flach drücken. Mit dem Salz und den Kräutern bestreuen, weitere **5** Minuten kneten und dann zu einer Kugel formen.

2 Eine große Schüssel dünn mit Öl ausstreichen. Teig hineingeben und dünn mit Öl bestreichen. Ein frisches Küchentuch in warmes Wasser tauchen, kräftig auswringen und über die Schüssel breiten. Teig **10** Minuten gehen lassen.

3 Den Teig wieder auf eine bemehlte Arbeitsfläche geben. In zwölf gleich große Portionen teilen und einzeln zu Kugeln rollen. Mit Mehl bestäuben oder aber mit Wasser besprühen und mit Kürbiskernen oder anderen Samen nach Wahl bestreuen. Nochmals **20** Minuten gehen lassen. Den Backofen auf **200**°C vorheizen.

4 Die Brötchen in etwa **30** Minuten goldbraun backen.

Wenn Sie in weniger als einer Stunde ein frisches Brot zaubern möchten, finden Sie hier ein ganz einfaches Rezept, bei dem der Teig nicht einmal ruhen muss. Direkt aus dem Ofen heiß serviert, mit Butter und Konfitüre eine Wonne!

iRisches BUTTeRMILCH-bRot

VORBEREITUNG
10 Minuten

BACKZEIT
40–45 Minuten

4–6 PORTIONEN

175 g Weizenvollkornmehl

175 g Weizenmehl Type 405
plus etwas zum Bestäuben

6 TL Backpulver

½ TL Speisenatron

½ TLSalz

300 ml Buttermilch

1 Den Backofen auf 200°C vorheizen.

2 Beide Mehlsorten mit Backpulver, Speisenatron und Salz in eine Teigschüssel sieben. In die Mitte eine Mulde drücken. Buttermilch langsam hineingießen und dabei ständig rühren, sodass ein zäher Teig entsteht. Falls er sich nicht zusammenballt, noch etwas Buttermilch dazugeben.

3 Den Teig auf einer bemehlten Arbeitsfläche etwa 1 Minute lang leicht kneten, danach zu einem runden Laib formen.

4 Auf ein fein bemehltes Backblech legen und dünn mit Mehl bestäuben. Mit dem Griff eines Holzlöffels kreuzförmig zwei Drittel tief einritzen. Für 40–45 Minuten in den Ofen schieben. Zur Garprobe gegen die Unterseite klopfen: Es muss hohl klingen.

5 Das Brot auf einem Drahtgitter auskühlen lassen – so bleibt es schön knusprig. Falls eine weiche Kruste gewünscht ist, das Brot in ein frisches Küchentuch einwickeln.

Herzhafte Muffins sind mir lieber als süße, und diese herrlich leichten Leckerbissen passen großartig zu vielen der anderen Köstlichkeiten, die Sie für Ihre Tea-Party zubereiten. Meine Lieblingszutaten sind Tomaten und Ziegenkäse, Zucchini und Pinienkerne, Speck und Käse, Feta in Kombination mit Oliven und Rosmarin ... ich könnte die Liste noch lange fortsetzen. Hier eine Variante, mit der ich jedes Mal einen Volltreffer lande.

MINI-MUFFINS MIT SPINAT UND PARMESAN

VORBEREITUNG
15 Minuten
BACKZEIT
15–25 Minuten
ERGIBT
16–24 kleine oder
8 große Muffins

250 g Mehl

½ TL Salz

1 EL Backpulver

1 TL extrafeiner Zucker

70 g Parmesan (möglichst Parmigiano Reggiano), fein gerieben

100 g Spinat, gegart, abgekühlt und gehackt

1 Freilandei

250 ml Milch

90 ml Pflanzenöl

1 Den Backofen auf **190°C** vorheizen. Zwei Mini-Muffin-Bleche oder eine Form für normal große Muffins mit passenden Papierbackförmchen bestücken.

2 Mehl, Salz und Backpulver in eine große Rührschüssel sieben. Zucker, etwa zwei Drittel des Parmesans und den Spinat untermengen.

3 In einem großen Rührbecher Ei, Milch und Öl verquirlen. Zur Mehlmischung gießen und mit einem Metalllöffel nur kurz unterrühren, bis die Zutaten soeben vermischt und alle Mehlspuren verschwunden sind. Der Teig sollte noch etwas klumpig sein, zu kräftiges Schlagen oder ausgiebiges Rühren lässt ihn zäh werden. Bis etwa auf halbe Höhe in die Formen füllen und mit dem restlichen Parmesan bestreuen.

4 Mini-Muffins 15–20 Minuten, normale Muffins 20–25 Minuten backen. Sie sind gar, wenn eine eingestochene Gabel sauber herauskommt.

SCHMETTERLINGE basteln

Das erste Mal habe ich mir die Haare mit 17 gefärbt. Hinter einem Wechsel der Haarfarbe steckt oft der Wunsch nach Veränderung, und ich vergleiche meine Entwicklung gern mit der eines Schmetterlings. Bevor ich Orangerot zu meiner „natürlichen" Haarfarbe erklärte, hatte ich eine schwarze, platinblonde, pinkfarbene und dunkellila Phase, ich trug verschiedene Rottöne, Mischungen aus all den zuvor genannten Farben und Grün (Letzteres allerdings infolge eines Missgeschicks).

Wer wäre von der Anmut eines munter flatternden, farbenprächtigen Schmetterlings nicht entzückt? Seine Metamorphose vom Ei über die Raupe und das Puppenstadium, aus dem er schließlich in seiner ganzen Schönheit hervorgeht, ist faszinierend. Er ist das Sinnbild für Verwandlung schlechthin. Veränderungen sind spannend und positiv, denn sie bringen Wachstum und Entwicklung mit sich. Ich finde, dieses Bastelprojekt ist ein großartiges interaktives Spiel für eine Party unter Freunden. Man könnte auch fertige Schmetterlinge in einem Bastel- oder Kurzwarenladen kaufen, aber damit entginge einem eine Menge Spaß.

WAS SIE BRAUCHEN
Für Papierschmetterlinge

Zugang zu einem Fotokopierer ✂ Papier ✂ dickes Papier oder Karton ✂ Klebstoff ✂ Bleistift und Radiergummi ✂ schwarzer Stift ✂ Tusche, Filz- oder Buntstifte ✂ Schere

Für Stoffschmetterlinge

kräftige Vlieseline zum Aufbügeln oder Karton & Kleber ✂ bunter Stoff nach Wahl ✂ Bügeleisen und -brett ✂ Zugang zu einem Fotokopierer ✂ Papier ✂ Schere ✂ Bleistift

Für Pappschmetterlinge die ganz weißen oder bereits mit Musterlinien versehenen Vorlagen auf der gegenüberliegenden Seite fotokopieren. Auf Papier oder Pappe kleben und phantasievoll ausmalen. Eventuell die Farben trocknen lassen, dann die Schmetterlinge entlang dem Rumpf knicken – und fertig! Sie könnten natürlich auch unsere Vintage-Patisserie-Schmetterlinge (am ganz rechten Rand) fotokopieren und als Ihre eigenen ausgeben. Warum nicht?

Für Stoffschmetterlinge Vlieseline rückseitig auf den Stoff aufbügeln. Alternativ den Stoff sauber auf Karton kleben, ohne dass dabei Luftblasen zurückbleiben. Die gewählten Vorlagen auf der gegenüberliegenden Seite fotokopieren, ausschneiden und ihre Konturen auf der Vlieseline oder dem Karton nachzeichnen. Die Schmetterlinge ausschneiden und in der Mitte knicken.
Auf den folgenden Seiten finden Sie Ideen dazu, wie Sie Ihren Schwarm hübscher Schmetterlinge dekorativ in Szene setzen können.

Rote Admiralin Rita

Roger mit Ringelsgewandl

Himmelblauer Henry

Barry, der große Bläuling

Grauer Dickkopf Gary

Fewige, süße Fanny

Samtige Sue

Schiller-Lizzie

Hotspot-Harry

Anthony mit Argusaugen

schöne lila Helena

Jack als Falter-Shrek

IM RAHMEN MIT NAMEN

WAS SIE BRAUCHEN

alter Bilderrahmen ✄ Karton oder
Stoff (als Unterlage) ✄ Schmetterlinge
✄ doppelseitiges Klebeband oder
Klebstoff ✄ Schildchen für Namen

Bilderrahmen kann man zu einem Spottpreis
ergattern, wenn das zugehörige Gemälde nicht sehr
gefragt ist. Entfernen Sie das Bild aus dem Rahmen
und überziehen Sie die Rückwand mit Karton oder
einem Stoff nach Wahl. Darauf wird dann die bunte
Schmetterlingsschar entweder mit doppelseitigem
Klebeband oder auch mit Klebstoff angebracht, und
zuletzt erhält jedes Stück noch ein Namensschildchen.
Bei einer Party im Freundeskreis rege ich öfters an,
dass ein Gast für einen anderen einen Schmetterling
gestaltet und zuletzt noch einen witzigen Namen
dazu erfindet. Orange Marmalade, Copper Candy
Carol, Red Betty... das sind nur einige der Namen, mit
denen ich dabei schon bedacht worden bin. Ein sehr
unterhaltsames Spiel für jede Tea-Party!

SCHMETTERLINGSWAND

WAS SIE BRAUCHEN

gebastelte Schmetterlinge in
verschiedenen Größen ✄
doppelseitiges Klebeband oder Klebstoff

Die Schmetterlinge werden einfach über die Wand-
fläche verteilt, wobei man am besten unten beginnt
und den Schwarm dann nach oben erweitert. Vor
allem, wenn viele sich an diesem Projekt beteiligen,
macht es großen Spaß. Es kommt öfters vor,
dass Gäste am Ende einer Party mitsamt einem
Schmetterling abschwirren.

Frucht-Smoothies tun uns gut, das ist bekannt. Aber sie können leicht etwas zu gesund schmecken. Joghurt und Milch mit reduziertem Fettgehalt verringern den Kaloriengehalt und geben dem Drink eine angenehm leichte Konsistenz. Wer ihn gehaltvoller und süßer mag, kann etwas Banane oder Honig untermixen.

Möhren sind gut für die Augen, hört und liest man immer wieder. Aber manchmal sind größere Exemplare geschmacklich nicht gerade ein Kracher, und außerdem mag man ja nicht so viele Möhren auf einmal essen. Aromatische Äpfel und eine feine Ingwerschärfe helfen dem Drink geschmacklich auf die Sprünge, und als kleinen Clou gibt es zum Umrühren ein knackiges Möhrchen dazu.

DREIBEEREN-SMOOTHIE

VORBEREITUNG
5 Minuten

6–8 PORTIONEN

150 g Blaubeeren

70 g Brombeeren

70 g Himbeeren

500 g fettarmer Vanillejoghurt

100 ml fettarme Milch oder Sojamilch

frische Minzsträußchen und einige zusätzliche Beeren zum Dekorieren

1 Beeren mit dem Joghurt und der Milch in den Mixer geben. Bei hoher Geschwindigkeit in etwa 1 Minute glatt pürieren.

2 Den Smoothie in Tassen gießen. Mit Minzesträußchen und einigen ganzen Beeren dekorieren und sofort servieren.

ECHT SCHÖN, DICH ZU SEHEN

VORBEREITUNG
5–10 Minuten

4 PORTIONEN

10 Möhren, grob zerkleinert

5 Äpfel, vom Kerngehäuse befreit, grob zerkleinert

2,5 cm großer Würfel Ingwer, geschält

Eiswürfel

4 junge, kleine Möhren zum Dekorieren

1 Möhren, Äpfel und Ingwer zusammen entsaften. Eiswürfel in Teetassen geben. Mit dem Saft auffüllen und sofort servieren. Zum Umrühren gibt's dazu jeweils eine nette kleine Möhre.

In meiner Phantasiewelt ist alles rubinrot, und wenn ich diesen Drink zubereite, genieße ich allein schon seinen Anblick. Ich liebe das tiefgründige Rot und auch den erdigen Geschmack der Roten Bete. Allerdings ist dieser so ausgeprägt, dass er zum Ausgleich anderes Gemüse und Obst braucht.

RUBiNROT UND KÖSTLICH

VORBEREITUNG
5–10 Minuten plus Zeit zum Kühlen

4 PORTIONEN

2 gekochte Rote Beten, grob zerkleinert

2 Stangen Sellerie, geputzt und in Scheiben geschnitten

6 Tafeläpfel, vom Kerngehäuse befreit, grob zerkleinert

5 Möhren, grob zerkleinert

8 Radieschen zum Dekorieren

1 Alle Zutaten außer den Radieschen zusammen entsaften.

2 Um Radieschenrosen zu schneiden, die Radieschen mit einem kleinen Messer ganz außen vier- bis fünfmal senkrecht ein-, aber nicht durchschneiden. Die Schnitte bilden zusammen einen Kreis. Auf diese Weise arbeiten Sie sich bis zur Spitze der Radieschen vor, wobei die Schnitte immer kleiner und versetzt zu denen des vorherigen Kreises angeordnet werden. Radieschen in einer Schüssel mit Eiswasser für 2–3 Stunden in den Kühlschrank stellen –so „blühen sie auf".

3 Den Saft in Teetassen servieren, dekoriert mit jeweils 2 Radieschenrosen.

Echt schön, Dich zu sehen

Dreibeeren-smoothie

rubinrot und köstlich

Für den Spruch, dass letztlich die inneren Werte zählen, könnte man kaum ein besseres Sinnbild finden als den Granatapfel. Äußerlich wirkt er langweilig, doch wenn man ihn aufbricht, stößt man auf wunderschöne, leuchtende Rubine. Die knackigen, leicht bitteren Kerne passen wunderbar zu süßem Tee. Das Auspressen des Safts ist ein wenig mühsam, aber dafür wird man mit ganz viel Frische belohnt.

GRANATAPFEL-EISTEE

VORBEREITUNG
5–10 Minuten
plus Zeit zum
Kühlen

4 PORTIONEN

5–6 TL loser schwarzer Tee

Zucker nach Geschmack

125 ml frisch gepresster Granatapfelsaft
(wenn es eilt, auch fertig gekauft)

Eiswürfel

Kerne von ½ frischen Granatapfel zum Dekorierente

1 Den Tee mit etwa 300 ml sprudelnd kochendem Wasser übergießen und 3–5 Minuten ziehen lassen. Nach Geschmack süßen. Im Kühlschrank gründlich abkühlen lassen.

2 Den eiskalten Tee in den Granatapfelsaft rühren und einige Eiswürfel dazugeben. Granatapfelkerne daraufstreuen und servieren.

Ernährungsexperten sagen oft, man täte dem Körper mit einer Portion Zitrone am Morgen einen großen Gefallen. Ich habe ihren Gesundheitstipp beherzigt und diesen Tee für einen schwungvollen Start in den Tag kreiert. Die Komposition aus sauren Orangen und Zitronen, einem Hauch Minze und süßem Tee ist einfach deliziös und klärt noch dazu wunderbar den Gaumen. Da hat der übliche geeiste Zitronentee nichts mehr zu melden. Besonders hübsch sieht es aus, wenn Sie die Minze in den Eiswürfeln einfrieren.

ZITRONEN-Eistee

5–6 TL loser schwarzer Tee

Zucker nach Geschmack

75 ml Orangensaft

50 ml Zitronensaft

Eiswürfel

4 Minzesträußchen zum Dekorieren

VORBEREITUNG
5–10 Minuten
plus Zeit
zum Kühlen
4 PORTIONEN

1 Den Tee mit etwa **300** ml sprudelnd kochendem Wasser übergießen und 3–5 Minuten ziehen lassen. Nach Geschmack süßen. Im Kühlschrank gründlich abkühlen lassen.

2 Den eiskalten Tee mit dem Orangen- und Zitronensaft vermischen. Einige Eiswürfel dazugeben und den Tee, mit Minzsträußchen dekoriert, sofort servieren.

Wenn man sich diesen Klassiker aus Schottland gleich morgens gönnte, könnte man beinahe Schuldgefühle bekommen. Er ist so üppig und verführerisch, dass man sich wundern muss, wie der karge, ebenfalls sehr schottische Porridge neben ihm überhaupt bestehen konnte. Die Whisky- und Honigmengen können Sie nach Geschmack variieren, und ich empfehle, etwas geriebene Muskatnuss in die Sahne zu geben.

ATHOL BROSE
MORGENTRUNK

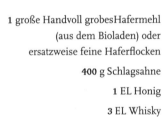

VORBEREITUNG
10–15 Minuten
4 PORTIONEN

1 große Handvoll grobes Hafermehl (aus dem Bioladen) oder ersatzweise feine Haferflocken

400 g Schlagsahne

1 EL Honig

3 EL Whisky

1 Hafermehl oder Haferflocken in einer Pfanne ohne Zugabe von Fett auf mittlerer Stufe goldbraun rösten. Anschließend in einem Sieb auskühlen lassen.

2 Sahne in einem Topf bei mittlerer Temperatur bis kurz vor dem Siedepunkt erhitzen – sie darf nicht aufkochen. Vom Herd nehmen.

3 Den Honig mit dem Whisky vermischen und in die Sahne rühren.

4 In feine Teetassen gießen, mit dem gerösteten Hafer bestreuen und sofort servieren.

Cidre – oder vielmehr Cider – erinnert mich in schönster Weise an meine Jugend. Als Erwachsene entdeckte ich meine alte Liebe wieder. In diesem heißen Drink bekommt der Cidre durch die etwas scharfzüngigen Himbeeren eine feminine Note. Ein sinnlicher Auftakt für einen geruhsamen Tag, den man gern mit einem Brunch im Kreis von Freunden beginnt. Für eine alkoholfreie Version ersetzen Sie den Cidre durch Apfelsaft.

HEIẞER APFEL-
HIMBEER-TRANK

VORBEREITUNG
5–10 Minuten
KOCHZEIT
12–15 Minuten
8 PORTIONEN

1 l Cidre oder Apfelsaft

125 ml Himbeersaft

30 g extrafeiner Zucker (nach Belieben)

9 Zimtstangen

1 Cidre oder Apfelsaft, Himbeersaft, Zucker und **1** Zimtstange in einen Topf geben. Bei mittlerer Temperatur unter ständigem Rühren erhitzen, bis sich der Zucker aufgelöst hat und die Mischung leise sprudelt. Etwa **10** Minuten köcheln lassen.

2 Vom Herd nehmen, die Zimtstange entfernen. Warm in Tassen oder Gläser füllen, dabei zum Umrühren jeweils **1** Zimtstange hineingeben.

Von den faden Banalitäten, die man oftmals bei Coffee-Shop-Ketten bekommt, ist dieses Getränk meilenweit entfernt. Mit viel Liebe und Geduld zubereitet, so wie hier, wird es zu einer Geschmackssinfonie, der man sich nur noch genüsslich hingeben kann.

KAFFEETRAUM MIT WEIßER SCHOKOLADE

VORBEREITUNG
5–10 Minuten
4–6 PORTIONEN

500 ml Milch (nach Belieben fettarm)

75 g weiße Schokolade, geraspelt

500 ml frisch aufgebrühter Kaffee

geschlagene Sahne zum Dekorieren

1 Die Milch in einen kleineren Topf gießen. 50 g der Schokoladenraspeln einrieseln lassen und bei niedriger bis mittlerer Temperatur rühren bis sie geschmolzen sind. Den Topf vom Herd nehmen.

2 Den Kaffee hinzugießen und nochmal gründlich rühren. Das Ganze in Vintage-Tassen füllen. Mit geschlagener Sahne sowie den übrigen Schokoladenraspeln dekorieren und sofort servieren.

Kaffeetraum mit weißer Schokolade

Heißer Apfel-Himbeer-Trank

Athol Brose Morgentrunk

AFTERNOON

NACHMITTAG

AFTERNOON INHALT

Erheben wir die Teetassen und trinken auf Anna Maria, die siebte Herzogin von Bedford, die Mitte des 19. Jahrhunderts dankenswerterweise den Nachmittagstee einführte.

Anna Maria fand die Pause zwischen dem Mittag- und Abendessen schier unerträglich. Daher ließ sie sich, um ihre Hungerattacken zu überstehen, zwischen zwei und fünf Uhr nachmittags Tee und Gebäck servieren. Eine wahre Schwester im Geiste!

Wir Briten sind mächtig stolz auf unseren Afternoon Tea, und seit Königin Viktoria 1868 im Buckingham Palace zur ersten Royal Tea Party bat, halten wir diesen Brauch begeistert lebendig.

In diesem Kapitel finden Sie neben einer bunten Mischung von Traditionsrezepten auch Tipps für den passenden Kopfputz. Auf einen stilvollen Nachmittag also und „Cheers!"

Ein britischer Nachmittagstee ist nicht komplett ohne eine Platte leckerer, frisch zubereiteter Sandwiches, selbstverständlich sorgfältig entrindet. Ich verwende gern verschiedene Füllungen, angefangen beim traditionellen Ei mit Mayonnaise oder Schinken mit Senf bis zu etwas moderneren Alternativen wie Radieschen, Räucherlachs oder Roastbeef. Man braucht ganz frisches Brot, denn die Sandwiches sollen kissenweich sein, und unbedingt gesalzene Butter. Bei mir erhalten die Sandwiches die traditionelle Dreiecksform, aber man könnte sie genauso etwa in Quadrate oder Streifen schneiden. Auch als Kanapees machen sie sich gut, zum Beispiel als Wimpelgirlande präsentiert.

BRITISCHE BUTTERBROTE

PERFEKTE EIER-SANDWICHES

PRO SORTE
VORBEREITUNG & KOCHZEIT
25 Minuten
24 STÜCK

6 Freilandeier

6 EL Mayonnaise

Salz und schwarzer Pfeffer

12 Scheiben Sandwichbrot (weiß oder dunkel)

25 g gesalzene Butter, zimmerwarm

1 Kästchen Kresse

1 Die Eier in einem Topf mit kaltem Wasser aufsetzen. Sobald das Wasser kocht, vom Herd nehmen und zugedeckt für **13** Minuten ruhen lassen. Die Eier kalt abschrecken, um den Garprozess zu stoppen.

2 Wenn die Eier abgekühlt sind, pellen und fein hacken. Mit der Mayonnaise vermischen, nach Geschmack salzen und pfeffern.

3 Die Brotscheiben buttern und **6** von ihnen mit der Eiermayonnaise bestreichen. Mit der Kresse bestreuen und mit den restlichen Brotscheiben bedecken. Die Rinde mit einem Brotmesser (mit Wellenschliff) entfernen. Die Sandwiches diagonal in jeweils vier Dreiecke schneiden und sofort servieren.

RADIESCHENcreme-SANDWICHES

150 g Radieschen, geputzt

1 TL Mohnsamen

150 g Frischkäse

Salz

12 Scheiben Sandwichbrot (weiß oder dunkel)

25 g gesalzene Butter, zimmerwarm

1 Radieschen von Hand oder im Mixer sehr fein hacken. In einer Schüssel mit Mohnsamen, Frischkäse und Salz gründlich vermengen.

2 Die Brotscheiben buttern und **6** von ihnen mit der Radieschencreme bestreichen. Mit den restlichen Brotscheiben bedecken. Die Rinde mit einem Brotmesser (mit Wellenschliff) entfernen. Die Sandwiches diagonal in jeweils vier Dreiecke schneiden und sofort servieren.

ROASTBEEF-SANDWICH MIT MEERRETTICHCREME

12 Scheiben Sandwichbrot (weiß oder dunkel)

25 g gesalzene Butter, zimmerwarm

6 TL Meerrettichcreme (siehe unten)

6 Scheiben rare gebratenes Roastbeef

Für die Meerrettichcreme

100 g frischer Meerrettich, fein gerieben

150 g Crème fraîche

1 EL Rotweinessig

Salz und Pfeffer

1 Für die Meerrettichcreme alle Zutaten in einer Schüssel gründlich verrühren. Im Kühlschrank hält sich die Mischung mehrere Tage.

2 Die Brotscheiben buttern und **6** von ihnen dünn mit Meerrettichcreme bestreichen. Darauf je 1 Scheibe Roastbeef und wieder etwas Meerrettichcreme geben. Mit den restlichen Brotscheiben bedecken. Die Rinde mit einem Brotmesser (mit Wellenschliff) entfernen, die Sandwiches diagonal in jeweils vier Dreiecke schneiden und sofort servieren.

Auf einer traditionellen Sandwichplatte dürfen Gurkensandwiches nicht fehlen. Nun fand ich sie, offen gestanden, immer etwas langweilig und habe mir daher eine Angel-Adoree-Fassung ausgedacht, die hübsch aussieht und wundervoll schmeckt. Mit unterschiedlichen Frischkäsesorten und Sandwichformen können Sie meine Version weiter abwandeln.

FrischKäse-Gurken Herzen

VORBEREITUNG
10 Minuten
24 STÜCK

2 kleine Salatgurken

6 Scheiben weißes Sandwichbrot

15 g Butter, zimmerwarm

150 g Frischkäse

Salz

1 Die Gurken von den Enden befreien. Mit einem Sparschäler von jeder Gurke der Länge nach vier Schalenstreifen herunterschneiden (einen Streifen auf jeder „Seite") und wegwerfen. Als Nächstes von den beiden Gurken entlang den freigelegten Streifen weitere zwölf Fruchtfleischstreifen so herunterschälen, dass sie jeweils noch einen schmalen Schalenrand aufweisen. Die Streifen quer halbieren und beiseite legen.

2 Die Brotscheiben mit Butter und anschließend mit Frischkäse bestreichen und leicht salzen.

3 Über jede Brotscheibe vier Gurkenstreifen legen (am besten leicht überlappend, sodass der Frischkäse komplett abgedeckt ist). Mit einem Herzchenausstecher aus jeder Brotscheibe vier Herzen ausstechen und sofort servieren.

ESSbARE BLÜTEN
TROCKNEN

Zu meinen frühesten Backerinnerungen gehören die Rosenwasserplätzchen, die ich mit meiner Großmutter fabriziert habe. Als Kind war ich auf das Aroma von Rosenwasser derart versessen, dass ich es sogar einmal getrunken habe (nicht zur Nachahmung empfohlen!). Meine Leidenschaft für Rosen hält bis heute an, und wann immer es sich anbietet, verwende ich die hübschen Blütenblätter in Salaten und anderen Zubereitungen oder zum Dekorieren, etwa von Gebäck. Ihre intensiven Farben und ihr feines Aroma finde ich einfach hinreißend.

Falls Sie essbare Blumen selbst im Garten ziehen, ist eine Behandlung mit Pestiziden und dergleichen Präparaten aus der Giftküche natürlich tabu. Bei Blumen aus dem Blumenladen müssen Sie leider davon ausgehen, dass sie mit der chemischen Keule behandelt wurden. Aber glücklicherweise gibt es ja noch das Internet mit vielen Firmen, die sich auf getrocknete essbare Blüten spezialisiert haben. Hier ist eine Schritt-für-Schritt-Anleitung zum Trocknen von Blütenblättern aus dem eigenen Garten.

SCHRITT 1 Von den gepflückten Blüten nur die Blütenblätter behutsam abzupfen.

SCHRITT 2 In kaltem Wasser gründlich waschen – ich erledige das, genau wie bei Salat, in einem Durchschlag, den ich in eine Schüssel mit Wasser stelle.

SCHRITT 3 Die Blütenblätter abtropfen lassen und zum Aufsaugen des Restwassers auf Küchenpapier ausbreiten. Nicht der direkten Sonne aussetzen, da sie sonst verblassen. Ihre Farbe und ihr Duft dürften gut erhalten bleiben, wenn sie zügig trocknen.

SCHRITT 4 Man könnte die Blütenblätter zum Trocknen auch in einen Wäschesack für die Waschmaschine oder einen anderen Netzbeutel geben. In einem dunklen und trockenen Raum, zum Beispiel der Speisekammer, aufhängen.

SCHRITT 5 Zum Trocknen benötigen die Blütenblätter etwa 24 Stunden. Danach können sie gleich verwendet werden.

Folgende Blüten sind essbar:

Lavendel 🌹 Nelke 🌹 Färberdistel 🌹 Ringelblume 🌹 Kornblume

Rose 🌹 Mimose 🌹 Veilchen 🌹 Chrysantheme

Lavendel

Färberdistel

grüne
Nelke

gezuckerte
Rose

gelbe
Rose

kleine rote
Rose

purpurne
Nelke

gezuckertes
Veilchen

rosa
Nelke

Ringelblume

Kornblume

malvenfarbige Rose

Minze

rote Nelke

gezuckerte Mimose

pinkfarbene Rose

Blütenblätter-mischung

bordeauxrote Rose

Für den Fall, dass Sie Lust auf Extravaganz haben oder für Gesprächsstoff sorgen wollen, schlage ich Ihnen Rosenblüten-Sandwiches vor. Vielleicht sind sie nicht jedermanns Sache, aber es hat doch seinen Reiz, ab und zu etwas nicht Alltägliches zu probieren, oder? In den Jahren vor dem Zweiten Weltkrieg waren diese Sandwiches beliebt. Ich habe das Rezept etwas modernisiert, und das Ergebnis ist optisch wie geschmacklich phantastisch, glauben Sie mir. Rosige Aussichten also – auch wenn der eine oder andere zunächst etwas skeptisch dreinblicken wird.

ROSENBLÜTEN-Sandwiches

VORBEREITUNG
10 Minuten
plus Zeit zum
Einweichen
24 STÜCK

einige Tropfen ätherisches Rosenöl

60 getrocknete Rosenblütenblätter aus Bio-Anbau
(online erhältlich)

12 Scheiben weißes Sandwichbrot

25 g Butter, zimmerwarm

6 TL Lavendelhonig

1 In einer Schüssel kaltes Wasser mit dem Rosenöl aromatisieren. Die Rosenblütenblätter für 20 Minuten hineingeben – so werden sie wieder frisch und gewinnen an Aroma. Gut abtropfen lassen und beiseite stellen.

2 Die Brotscheiben mit der Butter und anschließend 6 von ihnen mit dem Honig bestreichen.

3 Die Rosenblütenblätter auf den mit Honig bestrichenen Scheiben verteilen. Mit den restlichen Brotscheiben bedecken. Die Rinde mit einem Brotmesser (mit Wellenschliff) entfernen, die Sandwiches diagonal in jeweils vier Dreiecke schneiden und sofort servieren.

Marmeladenbrote versetzen mich zurück in meine Kindheit. Nachmittags schnitt meine Großmutter für mich eine Scheibe Brot ab, strich dick goldgelbe Butter und süße Erdbeerkonfitüre darauf, und dazu gab es ein Glas kalte Milch. Glücklich und zufrieden mümmelte ich meinen Snack. Nun habe ich diese schöne Erinnerung ins Hier und Jetzt transportiert. Mit verschiedenen Konfitüresorten sieht das Ganze noch mal so hübsch aus.

MARMELADENbrot-Lollis

VORBEREITUNG
15 Minuten
plus Kühlzeit

30 STÜCK

6 Scheiben Sandwichbrot (weiß oder dunkel, nach Belieben auch kombiniert)

15 g Butter, zimmerwarm

3 EL Konfitüre (Aprikose, Erdbeere oder schwarze Johannisbeere, nach Belieben auch kombiniert)

1 Die Brotscheiben mit einem Nudelholz flach walzen, anschließend mit einem Brotmesser (mit Wellenschliff) die Rinde abschneiden.

2 Die Scheiben behutsam erst mit Butter und dann mit Konfitüre bestreichen (die Ränder sollten sauber bleiben), dann einzeln aufrollen.

3 Jede Rolle fest in Frischhaltefolie einwickeln und die Enden zuknoten. Zum Festigen für **30** Minuten in den Kühlschrank legen.

4 Herausnehmen und die Folie entfernen. Von jeder Rolle zunächst die Endstücke abschneiden (sie sehen nicht so perfekt aus und eigenen sich daher nicht für die Lollis) und den Rest jeweils in fünf Scheiben schneiden. Die Scheiben einzeln auf Schaschlikspieße stecken und die Lollis sofort servieren.

Würzige Cremes und Buttermischungen

Bevor ich zum Essen ausgehe, bete ich mir wie ein Mantra immer wieder vor: „Frau, du wirst die Finger vom Brot lassen!" Es geht nicht darum, dass mir um meine Taille bange wäre, sondern ich weiß, dass ich manchmal einfach nicht mehr aufhören kann. Bestimmt geht es den meisten anderen genauso. Gutes, noch warmes Brot mit Butter darauf, die sanft zerläuft, ist wie eine Umarmung für die Sinne, und so hält der beste Vorsatz meist nicht allzu lang. Ich verarbeite in meinen Butter- und Crememischungen verschiedenste Zutaten. Ausgehend von den folgenden Vorschlägen, können Sie natürlich weiter variieren.

Würzige Butter

Wenig Aufwand mit großer Wirkung, auch optisch. Nicht nur zu Brot serviert, sondern ebenso abends als Beigabe zu Gemüse oder Fleisch ein Genuss!

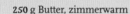

250 g Butter, zimmerwarm

Würzzutaten nach Wahl:

1 Handvoll Thymian und 1 TL Salz

1 Handvoll gehackter Schnittlauch

1 Handvoll gehackte Petersilie und Abrieb von 2 unbehandelten Zitronen

1 Handvoll gehackter Salbei und 1 TL körniger Senf

1 Handvoll gehackter Estragon und ½ TL Vanilleextrakt

4 Knoblauchzehen, zerdrückt

3 kleine scharfe Chilischoten, gehackt

VORBEREITUNG 5 Minuten plus Kühlzeit 8 PORTIONEN

1 Die Butter mit Würzzutaten nach Wahl vermischen. Auf Frischhaltefolie geben, zu einer Rolle formen und einwickeln.

2 Im Kühlschrank fest werden lassen.

3 Vor dem Servieren die Folie entfernen und die Rolle in Scheiben schneiden.

Würzige Crème Fraîche

Würzige Crème fraîche ist leichter und frischer als würzige Butter und dabei trotzdem schmeichelnd cremig. Hier ist meine Lieblingsvariante. Aber probieren Sie alternativ doch einmal Räucherlachs mit Zitronenschale, Artischocke mit roter Paprika oder Basilikum und Tomate mit schwarzem Pfeffer.

Rote-Bete-Meerrettich-Creme

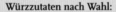
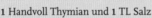

2 große Rote Beten, gewaschen, geschält und geviertelt oder in 5 cm große Würfel geschnitten

2 EL natives Olivenöl extra

4 EL Crème fraîche

1–2 TL Meerrettichcreme (*siehe* Seite 109)

30 g Schnittlauch, fein gehackt

VORBEREITUNG 10–15 Minuten **KOCHZEIT** 30–40 Minuten 8 PORTIONEN

1 Den Backofen auf **180°C** vorheizen. Rote Bete in einem Bräter mit Olivenöl beträufeln und in **30–40** Minuten im Ofen weich garen. Abkühlen lassen.

2 Im Mixer glatt pürieren. Das Püree mit der Crème fraîche, der Meerrettichcreme und dem Schnittlauch vermischen.

Der Begriff Roulade leitet sich von „rouler" (französisch für „rollen") ab. Rouladen sehen bestechend professionell aus. Deshalb rolle ich, was immer sich dazu anbietet – aber nicht einfach irgendwie, sondern so, dass sich ein echter Wow-Faktor ergibt. Hier geht die geräucherte Lachsforelle, eine leichtere Alternative zu Lachs, mit der cremigen Füllung eine sehr gelungene Verbindung ein. Den Meerrettich können Sie weglassen, falls Sie ihn nicht mögen. Trotzdem sollten Sie einen Versuch wagen!

ROULADE von gerÄucherter LACHSFORELLE

VORBEREITUNG
15–25 Minuten
plus 1 Stunde
Kühlzeit

6 PORTIONEN

250 g Frischkäse

1 Handvoll Schnittlauch, gehackt

etwa 30 g Meerrettichcreme
(*siehe* Seite 109)

200 g geräucherte Lachsforelle,
in Scheiben geschnitten

1 In einer Schüssel Frischkäse, Schnittlauch und Meerrettichcreme vermischen. Dabei die Meerrettichcreme portionsweise dazugeben und zwischendrin probieren, bis die gewünschte Schärfe erreicht ist. Die Füllung beiseite stellen.

2 Die Fischscheiben auf einem Stück Frischhaltefolie leicht überlappend zu einem Rechteck von etwa 15 × 20 cm auslegen. Behutsam die Käsecreme 3–4 mm dick auf dem Fisch verstreichen.

3 Zum Aufrollen eine Längskante der Folienunterlage mit beiden Händen greifen. Vorsichtig etwas nach oben und zur Mitte des Fischrechtecks ziehen, bis der Rand umklappt. Die Folie weiter nach oben ziehen und so das Ganze Stück für Stück aufrollen. Die fertige Roulade in Frischhaltefolie wickeln und für 1 Stunde in den Kühlschrank geben. Unmittelbar vor dem Servieren die Folie entfernen und die Roulade in Scheiben schneiden.

Filoteig-Becher mit
Stilton, Birne und Walnüssen

VORBEREITUNG
30 Minuten
BACKZEIT
7 Minuten
12 STÜCK

Ich spiele beim Kochen gern mit kontrastierenden Aromen und Texturen. In diesem Rezept gibt die sanfte Süße der Birnen dem salzigen Geschmack des Blauschimmelkäses reizvoll Kontra, Walnüsse und Filoteig sorgen für einen schönen Knuspereffekt. Bevorzugt verwende ich in diesem Fall reife Birnen, da sie meist süßer und saftiger sind als noch feste Früchte. Noch einige Alternativvorschläge für die Füllung: gebackene Tomaten mit Ziegenfrischkäse; Cheddar mit sauer eingelegten Zwiebeln; Pancetta, Erbsen und Minze; gebratene Schalotten, rote Paprika und Räucherwurst.

1 Den Backofen auf 220°C vorheizen.

2 Die Teigblätter entrollen und mit einem scharfen Messer jeweils in acht Quadrate von **10** cm Kantenlänge schneiden (macht insgesamt **48** Stück). Die Quadrate auf einer Seite mit zerlassener Butter einpinseln. Für die Teigbecher jeweils **4** Teigquadrate so übereinanderschichten (Butterseite nach unten), dass ihre Ecken immer um **45°** versetzt zueinander liegen. So ergibt sich eine zweilagige Sternform.

6 Blatt Filoteig (20 × 40 cm),
backfertig ausgerollt

70 g Butter, zerlassen

2 kleine, reife Birnen

100 g Stilton, zerbröckelt

12 Walnusshälften, grob gehackt

3 Die Teigstapel in die Mulden eines **12**-er Mini-Muffin-Blechs drücken und ihre Ränder mit der restlichen zerlassenen Butter bestreichen.

4 In **7** Minuten goldbraun backen. Im Muffin-Blech auskühlen lassen.

5 Birnen vierteln, vom Kerngehäuse befreien und die Viertel längs in jeweils drei Stücke schneiden. In jeden Teigbecher zwei Birnenspalten geben, dazwischen den Käse und die Walnüsse verteilen.

6 Die Teigbecher auf Einzeltellern oder auch zusammen auf einer großen Platte servieren.

Gerade weil es so schlicht ist, liebe ich dieses Rezept. Die Zubereitung braucht zwar ein bisschen Zeit, aber dafür werden sich Ihre Gäste über diese ungewöhnliche Präsentation der Standardvorspeise aus Tomaten und Mozzarella sehr freuen. Das Öl und den Essig reiche ich in kleinen Bechergläsern dazu.

TOMATEN-MOZZARELLA-SPIESSCHEN

VORBEREITUNG
15 Minuten
24 STÜCK

24 Basilikumsträußchen

24 Datteltomaten

24 Mini-Mozzarellabällchen

schwarzer Pfeffer (nach Belieben)

natives Olivenöl extra und Balsamico-Essig als Dip

1 Die Basilikumsträußchen auf 24 Cocktail- oder Schaschlikspieße ziehen.

2 Von den Tomaten das untere, spitze Ende abschneiden. Auf jeden Spieß eine Tomate mit der Schnittfläche nach oben stecken und an das Basilikum heranschieben.

3 Zuletzt auf die Spieße je **1** Mozzarellabällchen stecken – es soll direkt auf der Tomate sitzen.

4 Nach Belieben mit schwarzem Pfeffer bestreuen. Mit Olivenöl und Balsamico-Essig servieren.

Bei meinen Tea Partys erweist sich diese Zubereitung immer als großer Renner, vielleicht weil sie so einfach daherkommt. Mit großem Genuss verspeisen die Gäste die kleinen, warmen Ofenkartoffeln mit dem Klecks Sauerrahm obendrauf. Auch ich mag sie ausgesprochen gern und kann es mir manchmal, während ich sie für eine Party anrichte, kaum verkneifen, die eine oder andere zu vernaschen.

THE BRITISH POTATO

VORBEREITUNG
5 Minuten

BACKZEIT
20 Minuten

12 STÜCK

12 kleine neue Kartoffeln

natives Olivenöl extra

Meersalz und schwarzer Pfeffer

4 EL saure Sahne

1 kleines Bund Schnittlauch, gehackt, zum Garnieren

1 Den Backofen auf 220°C vorheizen.

2 Die Kartoffeln mit Olivenöl bestreichen, nach Geschmack salzen und pfeffern. In einen Bräter geben und im Ofen backen, bis sie nach etwa **20** Minuten weich und ihre Schalen goldbraun sind.

3 Oben kreuzweise einschneiden und jeweils mit **1** TL saurer Sahne krönen. Mit Schnittlauch bestreuen und sofort servieren.

THE BRITISH POTATO

Was wäre ein britischer Afternoon Tea ohne Scones? Warm serviert, begleitet von Clotted Cream (oder ersatzweise dick geschlagener Sahne) und fruchtiger Erdbeerkonfitüre, schmecken diese kleinen Brötchen unvergleichlich. Meine Scones seien besser als die im Ritz, sagte eine süße ältere Dame einmal zu mir! Sie sind schnell und einfach zubereitet, probieren Sie es aus. Mein Grundrezept lässt sich ohne Weiteres mit anderen Zutaten ergänzen. Gut würden zusätzlich Rosinen, Zimt und sogar Schokochips passen.

KLASSISCHE SCONES

VORBEREITUNG
20 Minuten

BACKZEIT
16–18 Minuten

10 STÜCK

75 g Butter, zimmerwarm, plus etwas für das Blech

250 g Mehl

50 g extrafeiner Zucker

2 TL Backpulver

¼ TL Salz

125 ml Milch

1 großes Freilandei, leicht verquirlt

1 TL Vanilleextrakt

etwas Ei und/oder Milch zum Bestreichen

schnelle Erdbeerkonfitüre (*siehe* Seite **84**) und Clotted Cream zum Servieren

1 Den Backofen auf 220°C vorheizen. Ein Backblech leicht buttern.

2 In einer großen Schüssel alle trockenen Zutaten vermengen. Die Butter mit den Fingerspitzen einarbeiten, sodass eine krümelige Mischung entsteht. Milch, Ei und Vanilleextrakt dazugeben und behutsam gleichmäßig mit den Händen untermengen, bis ein zusammenhängender Teig entsteht (nicht zu viel kneten, sonst entweicht die ganze Luft, und der Teig wird zu fest). Zehn kleine Kugeln rollen und auf das Blech setzen. Mit Ei oder Milch oder auch beidem bestreichen.

3 Die Scones in **16–18** Minuten goldgelb backen. Warm mit meiner schnellen Erdbeerkonfitüre und Clotted Cream servieren.

Hier präsentieren sich die klassischen Scones mit einer leichten Zitrusnote. Bei mir dürfen sie gern etwas rustikal aussehen, deshalb forme ich die kleinen Teigkugeln von Hand. Als Ersatz für die Lavendelcreme schmeckt Clotted Cream super zu den warmen Scones. In jedem Fall ein Muss ist meine schnelle Erdbeerkonfitüre (*siehe Seite 84*).

ZITRONEN SCONES MIT LAVENDELCREME

VORBEREITUNG
20 Minuten

BACKZEIT
12–15 Minuten

20–24 STÜCK

325 g Mehl

5 TL Backpulver

175 ml Limonade, gekühlt

175 g Schlagsahne

etwas Ei oder Milch zum Bestreichen

100 g extrafeiner Zucker

rote Lebensmittelfarbe nach Bedarf

schnelle Erdbeerkonfitüre
zum Servieren

Für die Lavendelcreme

Je 200 g Crème double und Crème fraîche

1 EL Lavendelhonig

1 Handvoll Lavendelblüten aus Bio-Anbau

1 Den Backofen auf **200°C** vorheizen und zwei Bleche mit Backpapier auslegen. Das Mehl mit dem Backpulver in eine große Schüssel sieben. Limonade und Sahne vermischen, zum Mehl geben und gleichmäßig unterziehen.

2 Aus dem Teig **20–24** kleine Kugeln formen und in Abständen von etwa **2,5** cm auf die Bleche setzen. Mit Ei oder Milch bestreichen. Den Zucker mit einigen Tropfen roter Lebensmittelfarbe vermengen und die Scones damit bestreuen. **12–15** Minuten backen, bis sie gar und zart gebräunt sind. Für eine weiche Kruste die warmen Scones für **1** Minute mit einem Küchentuch abdecken.

3 Für die Lavendelcreme Crème double, Crème fraîche und Honig behutsam verrühren. Mit den Lavendelblüten bestreuen. Zusammen mit der Erdbeerkonfitüre zu den warmen Scones reichen.

Ich liebe süße Sachen, aber manchmal brauche ich eher etwas Herzhaftes, und dann kommen diese leckeren Scones gerade recht. Nehmen Sie zur Abwechslung eine andere Käsesorte und probieren Sie andere Nüsse oder Samen aus. Außerdem könnten Sie gehackte Kräuter, halbgetrocknete Tomaten, gebräunte Zwiebelwürfel oder ausgebratene Speckstreifen unter den Teig mengen. Genau wie bei den süßen Scones ist die Zubereitung kinderleicht.

HERZHAFTE BRIE UND WALNUSS SCONES

VORBEREITUNG
20 Minuten

BACKZEIT
16–18 Minuten

10 STÜCK

75 g Butter, zimmerwarm, plus etwas für das Blech

250 g Mehl

2 TL Backpulver

¼ TL Salz

125 ml Milch

1 großes Freilandei, leicht verquirlt

125 g Brie, in kleine Stücke geschnitten

100 g Walnusskerne, in Stücke gebrochen

etwas Ei und/oder Milch zum Bestreichen

1 Den Backofen auf 220°C vorheizen. Ein Backblech leicht buttern.

2 In einer großen Schüssel alle trockenen Zutaten vermengen. Die Butter mit den Fingerspitzen einarbeiten, sodass eine krümelige Mischung entsteht. Milch und Ei dazugeben und behutsam gleichmäßig mit den Händen untermengen, bis ein zusammenhängender Teig entsteht (nicht zu viel kneten, sonst entweicht die ganze Luft, und der Teig wird zu fest). Zehn kleine Kugeln rollen und auf das vorbereitete Blech setzen.

3 Walnuss- und Briestücke gerecht auf die Scones verteilen und behutsam oben in den Teig drücken. Die Scones mit Ei oder Milch oder auch beidem bestreichen.

4 In **16–18** Minuten goldgelb backen. Warm servieren.

KOPFSCHMUCK

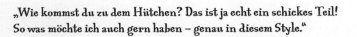

„Wie kommst du zu dem Hütchen? Das ist ja echt ein schickes Teil!
So was möchte ich auch gern haben – genau in diesem Style."

„Selbst gemacht!" – so lautet lapidar die Antwort auf die Eingangsfrage.

Seit dem späten 17. Jahrhundert tragen Frauen Kopfschmuck, um damit ihren
individuellen Stil, ihre Stimmung und Persönlichkeit zu unterstreichen. Marie
Antoinette war berühmt für kühne Hutkreationen, Lilly Daché bescherte
uns Eleganz, und Isabella Blow entführte uns in die Zukunft.
Also Mädels, zückt die Klebepistolen!

Fascinator selbst gemacht

WAS SIE BRAUCHEN

Kleine Stücke aus festem Stoff (etwa **10 x 10** cm) ✄ Zackenschere
✄ kleine Lockenclips oder Krokodilklemmen ✄ Klebepistole
✄ Dekorationsmaterial, etwa Federn, Perlen, Strasssteine,
Pompons, Schmetterlinge (*siehe* Seite **90-91**) und Ziervögelchen
(in guten Bastel- oder Perlenläden und Kurzwarenabteilungen
gibt es noch viele weitere Deko-Ideen zu entdecken).

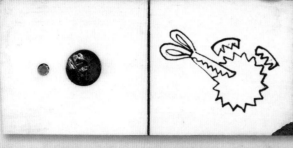

SCHRITT 1 Aus Stoff mit der Zackenschere einen Kreis ausschneiden – im Durchmesser größer als die verwendeten Clips oder Klemmen, jedoch deutlich kleiner als die Fascinator-Basis..

SCHRITT 2 Oben auf einen Clip etwas Heißkleber tupfen.

SCHRITT 3 Den mit Kleber versehenen Clip von unten an die Fascinator-Basis kleben. Bevor Sie ihn endgültig platzieren, sollten Sie ein wenig herumprobieren, um die ideale Position zu finden. Bei einer tropfenförmigen Basis etwa bringt man den Clip am besten am runden Ende an, sodass der fertige Fascinator später von hinten nach vorn ins Haar gesteckt werden kann.

SCHRITT 4 Auf dem Stoffkreis 1 cm vom Rand entfernt Heißkleber auftragen.

SCHRITT 5 Den Clip mit einer Hand aufspreizen. Mit der anderen Hand das Stoffstück mit der Klebstoffseite nach unten zwischen die „Beine" des Clips schieben und behutsam an der Innenseite der Fascinator-Basis andrücken.

SCHRITT 6 Zuletzt die Basis ganz nach Belieben elegant oder extravagant dekorieren.

Auf der Suche nach Anregungen und Ideen stöbere ich oft im Internet. Ein einziges Mal ist mir dabei bisher ein Rezept aufgefallen, das ich Ihnen, weil es so ungewöhnlich ist, unbedingt in seiner Originalversion vorstellen möchte. Es handelt sich um einen klassischen Rüblikuchen, der aber als Besonderheit himmlisch süße und aromatische Granatapfelkerne enthält. Er ist unglaublich lecker und begeistert jedes Mal meine Partygäste.

Rüblikuchen mit Granatapfelkernen in Karamell

VORBEREITUNG
30 Minuten

KOCHZEIT
50–55 Minuten

8 STÜCKE

1 Den Backofen auf 180°C vorheizen. Eine quadratische Backform (18 × 18 cm) oder eine Springform fetten.

2 Zum Karamellisieren der Granatapfelkerne die Butter in einem Topf bei niedriger Temperatur zerlassen. Ingwer und Gewürze einrühren. Sobald ein aromatischer Duft aufsteigt, Granatapfelkerne mit dem Zucker hinzufügen und das Wasser dazugeben. Unter ständigem Rühren langsam zu sirupartig-klebriger Konsistenz einköcheln lassen.

3 Mehl, Natron, Backpulver, Salz und Zucker vermischen. Öl, Eier und Joghurt mit einem Schneebesen verrühren und mit der Mehlmischung, den Möhren und den Granatapfelkernen vermengen, dabei nicht zu lange rühren.

4 Den Teig in die vorbereitete Form gießen und in 40–45 Minuten goldbraun backen. Zur Garprobe den Kuchen in der Mitte mit einem Holzstäbchen einstechen: Beim Herausziehen darf kaum Teig an ihm haften.

5 Den Kuchen in dreieckige Stücke schneiden. Vor dem Servieren mit einem Klecks Frischkäse, einer Mini-Möhre und etwas Cayennepfeffer dekorieren.

125 ml Pflanzenöl plus etwas für die Form

150 g Mehl

½ TL Speisenatron

¾ TL Backpulver

1 Prise Salz

225 g extrafeiner Zucker

2 große Freilandeier

3 EL Naturjoghurt

75 g saftige Möhren, fein gerieben

Für die Granatapfelkerne in Karamell

1 EL Butter

1 TL fein gewürfelter frischer Ingwer

½ TL gemahlener Zimt

Samen von 1 grünen Kardamomkapsel

115 g Granatapfelkerne (3–4 Granatäpfel)

2 EL extrafeiner Zucker

15 ml Wasser

Zum Dekorieren

100 g Frischkäse, glatt gerührt

8 ganz kleine, junge Möhren

Cayennepfeffer

Bei meinen Teepartys findet dieser Kuchen regelmäßig ungeahnten Zuspruch. Seine Basis bildet ein ganz simpler Rührteig, aber die Äpfel und eine Streuseldecke machen ihn zu etwas Besonderem. Servieren Sie ihn warm mit Vanilleeis oder kalt zu einem Becher Tee. Der Schlüssel zum Erfolg liegt in Ihrer Ausdauer beim Verschlagen der Eier mit dem Zucker. Nehmen Sie sich Zeit dafür! Erst wenn die Rührquirle beim Herausziehen aus der Eimasse eine Spur hinterlassen, arbeiten Sie die anderen Zutaten ein. So bekommt der Teig genügend Standfestigkeit für den Belag.

APFEL STREUSEL KUCHEN

VORBEREITUNG
30 Minuten
BACKZEIT
50–55 Minuten
12 STÜCKE

250 g Butter plus etwas für die Form

250 g extrafeiner Zucker

250 g Mehl und **4** TL Backpulver, gesiebt

4 Freilandeier

3 kleine Tafeläpfel, geschält, vom Kerngehäuse befreit, in dünne Scheiben geschnitten

1 Den Backofen auf **180**°C vorheizen. Eine Springform (**23** cm Durchmesser) buttern und mit Backpapier auslegen.

2 Für den Belag je **50** g Zucker und Butter sowie **60** g der Mehlmischung in eine Schüssel geben und alles mit den Fingern zu groben Streuseln zerreiben. Beiseite stellen.

3 Die übrige Butter in einem Topf zerlassen und etwas abkühlen lassen. Restlichen Zucker mit den Eiern in einer großen Schüssel mit einem elektrischen Handrührgerät in etwa *5* Minuten zu einer hellen, dickcremigen Masse schlagen. Das Handrührgerät auf die kleinste Stufe stellen und nach und nach die Butter einrühren. Dann das restliche Mehl einarbeiten.

4 Den Teig in die vorbereitete Form füllen. Gleichmäßig mit den Apfelscheiben belegen und die Streusel darüber verteilen. Für *50–55* Minuten in den Ofen schieben, bis der Kuchen schön gebräunt ist und sich fest anfühlt. In der Form **10** Minuten abkühlen lassen, dann herauslösen und warm servieren.

Dass manchmal die einfachsten Dinge tatsächlich die besten im Leben sind, beweist diese von der Sonne geküsste Zitronentarte. Während ich sie backe, macht sich ein betörender Zitrusduft in der Küche breit, und manchmal kann ich es kaum erwarten, bis sie fertig ist. Ein dicker Klecks Crème fraîche oder Clotted Cream ergänzt das säuerlich-süße Aroma perfekt.

ZITRONENtarte

VORBEREITUNG
25 Minuten
BACKZEIT
25–30 Minuten
6–8 STÜCKE

Für die Füllung
3 Freilandeier
4 EL Zitronensaft
225–280 g extrafeiner Zucker
1 EL Abrieb von 1 Bio-Orange
50 g Butter, zerlassen

gut 100 g Mehl
40 g Puderzucker
plus etwas zum Bestäuben
70 g gemahlene Mandeln
Je 1 TL Abrieb von
1 Bio-Zitrone
und Orange
gut 100 g Butter, gekühlt
100 g Crème fraîche und 1 Handvoll
Himbeeren zum Dekorieren

1 Den Backofen auf **180°C** vorheizen. Für die Füllung Eier, Zitronensaft, Zucker und Orangenabrieb im Mixer glatt rühren. Butter dazugießen und auf hoher Stufe rasch gleichmäßig untermixen.

2 Für den Teig das Mehl und alle übrigen Zutaten außer der Crème fraîche und den Himbeeren mit dem Handrührgerät zu einem glatten, zusammenhängenden Teig verkneten. Den Teig in eine ungefettete Tarteform mit herausnehmbarem Boden (**23** cm Durchmesser) drücken und auch am Rand hochziehen.

3 Die Zitronencreme auf den Teig gießen. Die Tarte **25–30** Minuten backen, bis die Füllung in der Mitte beinahe fest ist. Auf einem Drahtgitter in der Form abkühlen lassen, danach auf eine Servierplatte geben.

4 Unmittelbar vor dem Servieren mit Puderzucker bestäuben. Jedes Stück mit 1 TL Crème fraîche und einer Himbeere dekorieren.

Herbsüßer Schoko-
Birnen-Kuchen

Zitronentarte

Eccles Cakes mit Orangennote

Wenn ich früher meine Großeltern zum Nachmittagstee besuchte, gab es sehr oft dieses traditionelle Blätterteiggebäck mit köstlich aromatischer Füllung, natürlich von Granny selbst gemacht. Ich habe ihr Rezept weitgehend übernommen, allerdings der Füllung mit etwas abgeriebener Orangenschale ein etwas moderneres Flair gegeben. Der zuletzt vor dem Backen aufgestreute Zucker macht die Teigtaschen herrlich knusprig.

ECCLES CAKES MIT ORANGENNOTE

VORBEREITUNG
25 Minuten
plus Einweichzeit

BACKZEIT
10 Minuten

6 STÜCK

115 g Korinthen

Abrieb von 1 unbehandelten Orange

4 EL Orangenlikör

175 g Blätterteig, backfertig ausgerollt

Mehl zum Bestäuben

25 g Butter

Zucker zum Bestreuen

1 Freilandei, verquirlt

kandierte Orangenschalen zum Dekorieren

1 Korinthen in einer Schüssel mit Orangenschale und -likör vermengen und 24 Stunden einweichen, bis sie die gesamte Flüssigkeit aufgesogen haben.

2 Den Backofen auf 180°C vorheizen. Blätterteig auf einer leicht bemehlten Arbeitsfläche dünn ausrollen, anschließend sechs Kreise von etwa 6 cm Durchmesser ausstechen.

3 In die Mitte jedes Teigkreises 1 knappen TL der Korinthen geben, ein Stückchen Butter hinzufügen und etwas Zucker darüberstreuen. Die Teigränder mit Ei bestreichen, dann aufnehmen und jeweils über der Füllung zusammendrücken, sodass sie komplett eingeschlossen ist. Die Teigtaschen wenden und mit dem Nudelholz behutsam flach drücken.

4 Auf ein Backblech legen und mit Ei bestreichen. Mit Zucker bestreuen, oben einmal einschneiden und zuletzt mit kandierten Orangenschalen dekorieren. Die Teigtaschen in etwa 10 Minuten goldbraun backen. Aus dem Ofen nehmen und leicht abkühlen lassen, aber noch warm servieren.

Als eine der glücklichsten kulinarischen Partnerschaften gilt die zwischen Schokolade und Birne. Sie zählt auch zu meinen persönlichen Topfavoriten, und so können Sie sich vorstellen, wie sehr ich diesen Kuchen liebe. Er ist, gelinde gesagt, grandios! Die Birnen machen ihn saftig, die Schokolade setzt geschmacklich einen interessanten Kontrapunkt, und die braune Butter verbreitet als Überraschungszutat einen nussigen Rauchton.

Herbsüßer SCHOKO-BIRNEN-KUCHEN

VORBEREITUNG
15–25 Minuten

KOCHZEIT
45–55 Minuten

8 STÜCKE

115 g Butter plus etwas für die Form

100 g Mehl plus etws für die Form

1 EL Backpulver

3 Freilandeier

175 g extrafeiner Zucker

4 Birnen, gewürfelt plus 1 Birne in Streifen, zum Dekorieren

175 g Bitterschokolade, in Stückchen, plus mehr, geraspelt, zum Dekorieren

100 g Crème fraîche zum Dekorieren

1 Den Backofen auf **180°C** vorheizen. Eine Springform (23 cm Durchmesser) buttern und mit Mehl ausstäuben.

2 In einem mittelgroßen Topf die Butter bei mittlerer Temperatur erhitzen, bis sie aufschäumt und bräunt. Gelegentlich rühren und dabei die Feststoffe vom Topfboden losschaben. (Achtung: binnen einer Minute wird aus gebräunter Butter verbrannte Butter!)

3 Das Mehl mit dem Backpulver in eine kleine Schüssel sieben. In einer weiteren großen Schüssel die Eier mit einem elektrischen Handrührgerät zu einer hellen, dickcremigen Masse verquirlen. Den Zucker zu den Eiern geben und einige Minuten weiter schlagen.

4 Sobald die Eimasse etwas an Volumen verliert, das Gerät auf die niedrigste Stufe umschalten und nun portionsweise (ca. drei Portionen) immer im Wechsel Mehl und Butter einarbeiten. Das Gerät abschalten, wenn die Zutaten soeben vermischt sind

5 Den Teig in die vorbereitete Form füllen und die Birnenwürfel und Schokoladenstückchen darauf verteilen. In **40–50** Minuten goldgelb backen. Bei der Garprobe darf kein Teig mehr am Holzstäbchen haften.

6 Den Kuchen 10 Minuten in der Form und danach weiter auf einem Drahtgitter abkühlen lassen. Noch warm wie eine Torte aufschneiden. Jede Portion mit einem Klecks Crème fraîche, einer Birnenspalte und etwas geraspelter Schokolade dekorieren.

VOGEL MOBILE

Vögel zu beobachten ist eine spannende Sache. Wenn wir von der Vintage Patisserie die Räumlichkeiten und Tische für eine Teeparty dekorieren, setzen wir gern Vögel ein: Rotkehlchen, Amseln, Blaumeisen, Schwalben, Raben, Waldkäuze, Goldammern... alle möglichen Arten treten bei uns auf. Mit diesem schnell gebastelten, phantastischen Mobile können Sie Ihre persönlichen Stars aus dem Ensemble von Mutter Natur in Ihre Party einbeziehen.

WAS SIE BRAUCHEN

Digitalisierte Vogelbilder ✂ Computer und Farbdrucker ✂ Papier ✂ Cutter oder Schere ✂ Sprühkleber ✂ dünnen Schaumstoff ✂ Nadel ✂ Nylonschnur ✂ Kronleuchter oder Zweige zum Aufhängen

SCHRITT 1 Die ausgewählten Vogelbilder digital spiegeln und beide Versionen farbig ausdrucken.

SCHRITT 2 Die Bilder ausschneiden und dabei ringsum einen kleinen Papierrand stehen lassen – so verhindern Sie, dass beim Ausschneiden feine Details wie etwa die Spitzen ausgebreiteter Schwingen verstümmelt werden. Nach dem Zusammenbau des Mobiles ergibt sich ein perfektes Gesamtbild.

SCHRITT 3 Auf die Rückseite des ersten Bildes gleichmäßig Klebstoff auftragen. Auf Schaumstoff aufziehen und, solange der Kleber noch nicht gebunden hat, etwaige Luftblasen ausstreichen.

SCHRITT 4 Überstehenden Schaumstoff bündig mit dem Papierrand abschneiden.

SCHRITT 5 Wie in Schritt 3 das zugehörige gespiegelte Bild auf die Rückseite des Schaumstoffs aufziehen. Wenn Sie sauber gearbeitet haben, decken sich die Konturen exakt. Andernfalls mittels Cutter oder Schere noch etwas nachkorrigieren.

SCHRITT 6 Ermitteln Sie nun den jeweiligen Schwerpunkt der Vögel, der aufgrund der unterschiedlichen Formen variiert. Dazu hält man einen Vogel locker zwischen zwei Fingern und, wenn er richtig ausbalanciert ist, durchsticht man die Stelle (und nicht die Finger!) mit einer Nadel.

SCHRITT 7 Ein Stück Nylonschnur durch das Loch fädeln (möglichst von Hand, da die Nadel samt doppelter Schnur das Loch nur unnötig erweitern würde). Die Enden der Schnur provisorisch zu einer langen Schlaufe verknoten.

SCHRITT 8 Zum Aufhängen der Vögel eignet sich ein Kronleuchter – das sieht dann ziemlich dekadent aus. Oder Sie stellen große Zweige aus dem Garten oder dem Wald in eine Bodenvase. Wie Sie die Vögel arrangieren, überlasse ich Ihrem persönlichen Urteilsvermögen (die zuvor geknüpften Schlaufen nach Belieben verkürzen). Mit diesem wunderschönen Mobile brauchen Ihre Gäste für die Vogelbeobachtung nicht einmal mehr ein Fernglas.

Diese kleinen Kuchen finden bei Tea Partys großen Anklang. Die Backpflaumen spenden ein wunderbares Aroma und machen die Küchlein herrlich saftig. Der üppige Schokomantel macht sie zu einer echten Verführung.

PFLAUMEN-TEEKUCHEN im SCHOKOMANTEL

VORBEREITUNG
1 Stunde plus
Zeit zum Abkühlen
KOCHZEIT
50–60 Minuten
8 PORTIONEN

300 g Backpflaumen, entsteint

700 ml schwacher schwarzer Tee

200 g Mehl

3 EL ungesüßtes Kakaopulver

4 TL Backpulver

½ TL Speisenatron

250 ml Milch

175 g weiche Butter

350 g extrafeiner Zucker

3 große Freilandeier

gehobelte Mandeln, geröstet, zum Dekorieren

Für den Schokomantel

240 g Crème double

115 g Butter

70 g extrafeiner Zucker

¼ TL Salz

450 g Bitterschokolade, gehackt

1 TL Vanilleextrakt

1 Den Backofen auf **180°C** vorheizen. Eine Kuchenform (etwa **23 × 33 cm**) mit Backpapier auskleiden. Die Backpflaumen in einem großen Topf mit dem Tee bedecken und in **20 Minuten** weich kochen. Dabei nach Bedarf Wasser dazugießen, sodass die Backpflaumen immer bedeckt sind. Abkühlen lassen, abgießen und beiseite stellen.

2 In einer mittelgroßen Schüssel Mehl, Kakaopulver, Backpulver und Natron gründlich vermengen. Die Backpflaumen im Mixer pürieren und in einer separaten Schüssel mit der Milch vermischen.

3 Butter und Zucker schaumig rühren. Die Eier einzeln energisch einrühren. Mehlmischung und Pflaumenpüree portionsweise (ungefähr drei Portionen) im Wechsel einarbeiten.

4 Teig in die Form gießen und **30–40 Minuten** backen, bis ein in der Mitte hineingestochenes Holzstäbchen sauber wieder herauskommt. Den Kuchen erst **10 Minuten** in der Form und danach auf einem Drahtgitter vollständig auskühlen lassen. **12–16** Kreise von **5 cm** Durchmesser ausstechen.

5 Für den Schokomantel Crème double mit Butter, Zucker und Salz in einem Topf auf kleiner Stufe unter Rühren zum Köcheln bringen. Vom Herd nehmen und die Schokolade dazugeben. **5 Minuten** ruhen lassen, dann den Vanilleextrakt einrühren.

6 Die Creme in eine Schüssel umfüllen und kühlen, bis sie eine streichfähige Konsistenz hat. Sollte sie zu fest geworden sein, bei Raumtemperatur wieder weich werden lassen. Die Kuchen oben und seitlich mithilfe des Teigschabers dünn mit der Creme bestreichen und mit den Mandeln bestreuen. Den Schokomantel **15 Minuten** im Kühlschrank fest werden lassen.

Eine liebe Freundin überließ mir dieses Rezept, als ich mit der Vintage Patisserie gerade in den Anfängen steckte. Sie hatte den Kuchen für zahlreiche Schul- und Kirchenbasare gebacken, und dabei hatte er immer in Windeseile Abnehmer gefunden. Er sei also ein absoluter Erfolgsgarant, sagte sie – und sie hatte Recht. Mit seiner schokoladigen Fülle ist er der Traum eines jeden Schokoholikers. Ich habe das Rezept etwas verändert und das Mehl durch gemahlene Mandeln ersetzt. So ergibt sich eine glutenfreie Version, die außerdem noch sündiger schmeckt.

OPULENTER GLUTENFREIER SCHOKOLADENKUCHEN

VORBEREITUNG
15 Minuten

KOCHZEIT
35–40 Minuten
plus Zeit zum
Abkühlen

10 STÜCKE

200 g Butter

200 g Bitterschokolade

175 g extrafeiner Zucker

4 Freilandeier

2 EL gemahlene Mandeln

1 Den Backofen auf **180°C** vorheizen. Eine Springform (20 cm Durchmesser) mit Backpapier auskleiden.

2 Eine Schüssel in einen Topf mit leise sprudelndem Wasser so einhängen, dass der Boden nicht eintaucht. Die Butter mit der Schokolade darin schmelzen. Zucker hinzufügen und gelegentlich mit einem Holzlöffel rühren, bis sich der Zucker gelöst hat. Die Mischung etwas abkühlen lassen und dann die Eier eines nach dem anderen gründlich einrühren. Zuletzt die Mandeln gleichmäßig unterziehen.

3 Teig in die vorbereitete Form gießen. Den Kuchen 20–25 Minuten backen, bis er in der Mitte zwar geschlossen aber noch nicht vollständig durchgegart ist. Den Kuchen im abgeschalteten Ofen **10** Minuten ruhen lassen, danach herausnehmen und in der Form auf einem Drahtgitter vollständig abkühlen lassen.

4 Aus der Form lösen, in Frischhaltefolie einschlagen und in den Kühlschrank geben. Etwa **1** Stunde vor dem Servieren herausnehmen. Die Folie entfernen und den Kuchen wie eine Torte in zehn Stücke schneiden.

Nach meinen ersten praktischen Annäherungsversuchen an diese kleinen Köstlichkeiten ging ich schnell zur doppelten Menge über, weil ich ihnen einfach nicht widerstehen konnte. Inzwischen weiß ich mich besser zu beherrschen und muss nur noch eine halbe Fuhre zusätzlich zubereiten. Sie sind wahrlich eine Wonne: buttrig, schokoladig und knusprig. Und sollte einmal die Zeit für die Schokoladenfüllung nicht reichen, bieten sie auch ohne einen wundervollen Genuss.

SCHMELZIGE SCHOKOKüCHLEIN

VORBEREITUNG
15 Minuten
plus Ruhezeit

KOCHZEIT
25 Minuten

18 STÜCK

150 g Butter, gewürfelt

70 g Puderzucker, gesiebt

125 g Mehl

25 g Maisstärke

25 g Kakaopulver

Für die Füllung

30 g Bitterschokolade, in Stücke gebrochen

2 EL Crème double

Smarties, dragierte Mandeln oder Liebesperlen zum Dekorieren

1 Den Backofen auf **190°C** vorheizen. Butter und Puderzucker cremig rühren. Mehl, Maisstärke und Kakaopulver in eine separate Schüssel sieben und unter die Butter-Zucker-Mischung ziehen, sodass ein weicher, feuchter Teig entsteht.

2 Ein Mini-Muffin-Blech mit passenden Papierförmchen bestücken. Aus dem Teig **18** walnussgroße Kugeln rollen und mit dem Finger jeweils eine flache Vertiefung hineindrücken. Die Kugeln mit der Mulde nach oben behutsam in die Papierförmchen setzen und 15–20 Minuten backen. Die Küchlein auf Drahtgittern erst 5 Minuten in der Form und danach weiter ohne die Form abkühlen lassen, bis sie nur noch zimmerwarm sind.

3 Die Schokolade über dem Wasserbad schmelzen und die Crème double in zwei Portionen mit einem Schneebesen gründlich unterziehen. Die Mulden in den Küchlein mit jeweils ½ TL der Schokoladencreme füllen und dekorieren. Die Küchlein 1-2 Stunden ruhen lassen, sodass die Füllung fest wird. In einem dicht schließenden Behälter kühl gelagert, halten sich die Küchlein einige Tage.

Diese leckeren Kekse mit Kaffeenote sehen ganz witzig aus, wenn man sie zu einem heißen Getränk serviert ... oder zusammen mit einem Charlie Chaplin! Ich hänge die „Spazierstöcke" gern oben in Tassen ein, die aber natürlich nicht randvoll sein dürfen. Sonst löst sich das Gebäck auf und Charlie ist sauer!

DUNKLE KAFFEE-STICKS

VORBEREITUNG
25 Minuten
plus Kühlzeit

BACKZEIT
12–15 Minuten

16 STÜCK

150 g Mehl

50 g Kakaopulver

1 EL fein gemahlener Espressokaffee

225 g weiche Butter

60 g Puderzucker

1 TL Vanilleextrakt

100 g weiße Schokolade

1 Den Backofen auf **180°**C vorheizen. Zwei Bleche mit Backpapier auslegen.

2 Mehl, Kakao- und Espressopulver in eine mittelgroße Schüssel sieben.

3 Die Küchenmaschine mit dem Flachrührer bestücken. Butter mit Puderzucker und Vanilleextrakt hineingeben und bei mittlerer Geschwindigkeit in **3–4** Minuten cremig rühren. Auf kleiner Geschwindigkeitsstufe nach und nach die Mehlmischung einrühren, dabei die an der Schüsselwand anhaftende Masse nach unten schaben, wenn nötig mehrmals.

4 Den Teig in einen Spritzbeutel mit runder Tülle füllen. Auf die vorbereiteten Bleche gleichförmige Streifen von **10-13** cm Länge spritzen und jeweils ein Ende umbiegen. Etwa **5** Minuten im Gefrierfach kühlen.

5 Die beiden Bleche mit genügend Abstand zueinander in den Ofen schieben und die „Spazierstöcke" **12–15** Minuten backen, bis sich der Teig eben fest anfühlt. Auf einem Drahtgitter auskühlen lassen.

6 Eine Schüssel in einen Topf mit leise sprudelndem Wasser so einhängen, dass der Boden nicht eintaucht, und die weiße Schokolade darin schmelzen. Die Schüssel aus dem Topf nehmen und die Schokolade, sobald sie etwas abgekühlt ist, in einen Gefrier- oder Einwegspritzbeutel füllen. Unten eine ganz kleine Spitze abschneiden und die Konturen der „Spazierstöcke" mit der weißen Schokolade nachzeichnen.

Tartelettes sind immens vielseitig und, wenn man dafür fertigen Mürbeteig verwendet, auch im Nu zubereitet. Man kann die Minitörtchen füllen, wie man mag. Ein paar Beispiele: Karamell, Banane und geschlagene Sahne; kleine Eiscremekugeln und gehackte Nüsse; oder – mein Favorit – mit etwas Honig und Sahne verrührter Frischkäse, gekrönt von einer Himbeere. Exquisit!

TARTELETTES KÖSTLICH GEFÜLLT

VORBEREITUNG
25 Minuten
plus Kühlzeit

BACKZEIT
15 Minuten

24 STÜCK

125 g Mehl

40 g Puderzucker

½ TL Salz

115 g Butter, gekühlt und gewürfelt

2 Eigelb von Freilandeiern, mit 1 EL Wasser leicht verquirlt

Orange and Lemon Curd (*siehe* Seite 84), Schokoladenglasur
(*siehe* Seite 151) oder geschlagene Sahne und Früchte für die Füllung

1 Mehl, Puderzucker und Salz in einer Schüssel vermengen. Butter hinzufügen und 20–25 Sekunden lang mit den Knethaken des Handrührgeräts untermischen, bis erbsengroße Krümel entstehen. Bei laufendem Gerät das verquirlte Eigelb dazugießen und 10–15 Sekunden weitermischen, bis sich dicke, feuchte Streusel bilden. Das Ganze auf einer bemehlten Arbeitsfläche mit den Händen zur Kugel formen. In zwei gleiche Portionen teilen und in Frischhaltefolie eingeschlagen für mindestens 1 Stunde in den Kühlschrank geben.

2 Den Backofen auf 200°C vorheizen. Die erste Teigportion 5 mm dick ausrollen, fünf Kreise von 7–8 cm Durchmesser ausstechen und diese in die Mulden eines gefetteten 12-er Mini-Muffin-Blechs drücken. Die zweite Teigportion genauso verarbeiten.

3 Die Tartelettes in 15 Minuten goldgelb und knusprig backen. Auf einem Drahtgitter erst 5 Minuten in der Form und danach weiter ohne die Form abkühlen lassen, bis sie nur noch zimmerwarm sind. Jeweils 1½ EL einer Füllung nach Wahl hineingeben. Gleich servieren.

Perfekte Baisers sind außen knuspertrocken und innen leicht klebrig. Um dies zu erreichen, gibt es einen ganz einfachen Trick: Man backt sie langsam bei niedriger Temperatur. Mit einem dicken Klecks geschlagener Sahne und etwas Schokoladensauce zaubern Sie ein schnelles Dessert. Ebenfalls empfehlenswert: Baiserbrösel mit einer Mischung aus Sahne und griechischem Joghurt vermengen und mit frischen Früchten dekorieren. Man kann die Baisers in einem dicht schließenden Behälter bis zu zwei Wochen aufbewahren oder auch im Gefrierfach auf Vorrat halten.

MiNi-BaiSERS mit BonbonSTREIFEN

VORBEREITUNG
40 Minuten

BACKZEIT
40 Minuten

30 STÜCK

4 Eiweiß von Freilandeiern

225 g Puderzucker, gesiebt

3 Tropfen Vanilleextrakt

je einige Tropfen schwarze und rote Lebensmittelfarbe

1 Den Backofen auf **140°C** vorheizen und zwei Bleche mit Backpapier auslegen.

2 Die Eiweiße mit dem Puderzucker dickschaumig schlagen – beim Herausziehen sollen Spitzen stehen bleiben. Den Vanilleextrakt **2** Minuten unterziehen.

3 Mit einem feinen Pinsel, Strohhalm oder Löffelstiel im Inneren eines Spritzbeutels schwarze Lebensmittelfarbe in zwei oder drei schmalen Längsstreifen auftragen.

4 Den Spritzbeutel mit einer Sterntülle versehen. Mit einem Löffel die Hälfte der Baisermasse einfüllen und auf die vorbereiteten Bleche kleine, 2 cm hohe Häufchen spritzen. Den Spritzbeutel auswaschen uns die Schritte **3** und **4** mit roter Lebensmittelfarbe und der restlichen Baisermasse wiederholen.

5 Die Baisers für **40** Minuten im vorgeheizten Ofen eher trocknen lassen als backen – sie sollen dabei keine Farbe annehmen. Den Herd ausschalten und die Baisers bei leicht geöffneter Backofentür über Nacht auskühlen lassen. So erhalten sie die gewünschte Konsistenz: außen trocken, innen wundervoll weich.

Die Geschichte des Union Jack

**Ich bin Britin
und das mit Stolz**

Die Geschichte meines Landes, die Königsfamilie, die Schlösser
und Herrensitze, Fish and Chips, der traditionelle Sonntagsbraten, der
klassische Fünfuhrtee, unser Käse, unsere Erdbeeren, unser Tennis, ja selbst
unser berüchtigter Regen – all das liegt mir am Herzen. Und über dem Ganzen weht
für mich – wie könnte es auch anders sein? – der Union Jack.

Eingeführt wurde der Union Jack im Jahr **1606** von König Jakob VI. von Schottland, der
Königin Elisabeth I. nach deren Tod als Jakob I. auf den englischen Thron gefolgt war. Um
eine Flagge zu schaffen, in der seine beiden Königreiche repräsentiert waren, führte er das rote
Kreuz von England mit dem Andreaskreuz (diagonale Balken) von Schottland zusammen. Das rote
Kreuz erhielt eine weiße Umrahmung, da gemäß den Regeln der Heraldik Farben (hier Rot und Blau)
nicht direkt aneinanderstoßen dürfen. Die Flagge war nur für den Einsatz auf den königlichen Schiffen
gedacht, während zu Lande die ursprünglichen Flaggen Englands und Schottlands benutzt wurden. Dies
änderte sich jedoch **1707**, als Königin Anna die Flagge zur Nationalflagge von Großbritannien erklärte und
ihre Verwendung zu Lande wie auf See gestattete.

Anlässlich der Vereinigung Irlands mit Großbritannien **1801** wurde dann das rote St. Patricks Cross (ein
Schrägkreuz) mit in die Flagge aufgenommen. Dabei ergab sich ein interessantes Detail: Anders als
viele meinen, ist nämlich der Union Jack asymmetrisch, wie man bei genauer Betrachtung erkennt.
Denn, wiederum einer Regel der Heraldik folgend, wurde, da Schottland beinahe 200 Jahre vor Irland
mit England vereinigt worden war, das schottische Andreaskreuz in Richtung des oberen und zum
Flaggenmast weisenden Viertels verschoben. Dagegen wurde das irische Kreuz auf die zweitwichtigste
Ehrenposition, nämlich das andere obere Viertel der Flagge, verschoben.

Ich hatte mich immer gefragt, warum die walisische Flagge im Union Jack fehlte, bis mein
Geschichtslehrer mir erklärte, dass Wales ja bereits im 13. Jahrhundert mit England vereint
worden und folglich bereits in der Flagge repräsentiert war.

Aufpassen muss man beim Hissen des Union Jack, dass man ihn nicht falsch
herum hängt. Dies könnte zweierlei bedeuten: entweder einen Hilferuf (zwar
wird der Union Jack selten dafür benutzt, doch gelegentlich griffen
Truppen im Burenkrieg und bei Feldzügen in Indien im Lauf des
19. Jahrhunderts auf dieses Mittel zurück) oder aber eine
ernsthafte Majestätsbeleidigung.

SCHABLONENPORTRÄT
KÖNIGIN ELIZABETH

WAS SIE BRAUCHEN

Porträtschablone von Königin Elisabeth (*siehe* vorhergehende Seite)
✄ Zugang zu einem Fotokopierer ✄ Papier ✄ Cutter ✄
Schneidematte ✄ die selbst angefertigte Flagge (*siehe*
Anleitung Seite 163–167) ✄ Klebeband ✄ Acrylfarbe
(in beliebigem Ton) ✄ Siebdruckpaste (in Geschäften
für Künstler- oder Bastelbedarf erhältlich) ✄
Stück Karton (nur ein wenig breiter als die
Schablone) ✄ Bügeleisen und -brett

SCHRITT 1 Die Porträtschablone von Königin Elisabeth auf Seite 161 auf dickes Papier fotokopieren. Die Kopie auf eine Schneidematte legen und die schwarzen Flächen mit einem Cutter sorgfältig ausschneiden.

SCHRITT 2 Die Flagge auf einer glatten Fläche ausbreiten. Die Schablone an der gewünschten Stelle auflegen und an den Ecken mit Klebeband fixieren.

SCHRITT 3 Acrylfarbe mit Siebdruckpaste im Verhältnis 1:1 mischen – gründlich, damit sich später ein gleichmäßiger Farbauftrag ergibt.

SCHRITT 4 Mithilfe des Kartons etwas von der Farbe am unteren Rand der Schablone in einem gleichmäßigen Streifen über die gesamte Breite auftragen. So lässt sich die Farbe leichter über den Untergrund ziehen.

SCHRITT 5 Die gesamte aufgetragene Farbe in einer einzigen, fließenden Bewegung so nach oben verstreichen, dass sie alle ausgeschnittenen Flächen der Schablone ausfüllt. Die Farbe nicht zu dick auftragen, da sie dann nicht gleichmäßig trocknet und möglicherweise über die Schablonenränder läuft.

SCHRITT 6 Etwa 1 Minute ruhen lassen und dann die Schablone vorsichtig abziehen. Die Flagge über Nacht vollständig trocknen lassen. Anschließend nach Belieben bügeln, um die Farbe zu fixieren und gleichzeitig etwaige Falten zu entfernen.

Flagge basteln

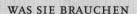

WAS SIE BRAUCHEN

Schere ✂ Papier ✂ Baumwoll- oder Musselinstoff in Rot, Weiß und Blau ✂ Stecknadeln ✂ Vlieseline zum Aufbügeln ✂ Bügeleisen und -brett ✂ Nähmaschine ✂ Nähgarn in Rein- oder Cremeweiß ✂ Wasserkocher ✂ 3 Beutel schwarzer Tee ✂ Schüssel ✂ Holzstange ✂ Tacker

SCHRITT 1 Nach der Vorlage auf Seite 166–167 von allen Teilen Papierschnittmuster anfertigen.

SCHRITT 2 Schnittmuster auf dem Stoff in entsprechender Farbe, feststecken und sauber ausschneiden.

SCHRITT 3 Vlieseline in der Größe der fertigen Flagge zuschneiden.

SCHRITT 4 Vlieseline flach ausbreiten. Die weißen kurzen Streifen – oben und unten, links und rechts – auflegen und locker feststecken. Der Abstand zwischen den inneren Längskanten beträgt 5 cm (er wird später vom mittleren Streifen in Rot ausgefüllt).

SCHRITT 5 Als Nächstes die weißen langen Streifen – oben und unten, links und rechts – so auflegen, dass sie die weißen kurzen Streifen leicht überlappen.

SCHRITT 6 Wenn die weißen Streifen richtig angeordnet sind, werden die breiten roten Streifen platziert. Dabei zunächst den linken und den rechten Streifen so auflegen, dass sie die weißen Kanten leicht überlappen.

SCHRITT 7 Nun den roten mittleren Streifen so auflegen, dass seine Kanten alle bereits platzierten weißen und roten Streifen über-lappen. So ergibt sich ein sauberes Gesamtbild. (Fortsetzung auf Seite 165.)

SCHRITT **8** Nachdem die mittleren Streifen exakt angeordnet sind, werden die Eckfelder gefüllt. Man beginnt mit der oberen linken Ecke. Als Erstes die beiden weißen Streifen (4 und 2) so auf die Vlieseline legen, dass ihre unteren Enden die waagerechten und senkrechten weißen Streifen leicht überlappen.

SCHRITT **9** Den roten Streifen (3) so auflegen, dass seine Längskanten die der beiden angrenzenden weißen Streifen jeweils überlappen.

SCHRITT **10** Die beiden blauen Dreiecke (1 und 5) so in den Ecken des Vierecks platzieren, dass sie die angrenzenden weißen Ränder leicht über- lappen.

SCHRITT **11** Nachdem alle Elemente dieser Flaggenecke korrekt positioniert sind, auf dieselbe Weise die übrigen drei Ecken ausfüllen.

SCHRITT **12** Nachdem sämtliche Eckelemente platziert sind, alle ihre Kanten, die die waage- rechten und senkrechten weißen Streifen überlappen, unter diese schieben, sodass ein ordentliches Gesamtbild entsteht und alle Streifen feststecken.

SCHRITT **13** Die fertig zusammen- gesetzte Flagge vorsichtig auf das Bügelbrett verfrachten (oder gleich hier zusammenfügen). Mit einem Stück Papier abdecken und bei mittlerer Temperatur bügeln, damit alles auf der Vlieseline fixiert wird.

SCHRITT **14** Nach dem Bügeln die Streifen feststeppen, damit sie auch sicher halten. Man muss nicht jedes einzelne Teil ringsum steppen, denn die Kanten überlappen sich ja gegenseitig, sondern nur darauf achten, dass jede Kante wenigstens einmal erfasst ist.

SCHRITT **15** Die fertig genähte Flagge erhält nun eine Patina. Dafür mit den Teebeuteln ca. 1 l Tee zubereiten und in eine Schüssel füllen. Die Flagge befeuchten und dann in den Tee einlegen. Etwa 15 Minuten ruhen lassen, wobei die gesamte Flagge in den Tee eingetaucht sein soll.

SCHRITT **16** Die Flagge aus dem Teebad nehmen, mit kaltem Wasser ausspülen und trocknen lassen.

SCHRITT **17** Für eine doppelseitige Flagge wie zuvor ein zweites Exemplar anfertigen und beide Stücke aufeinandernähen (darauf achten, dass sie richtig ausgerichtet sind).

SCHRITT **18** Die vollständig getrocknete Flagge zum Schluss glatt bügeln. Eine Seitenkante an die Holzstange anlegen und die Flagge in gleichmäßigen Abstän- den so antackern, dass sie sicher hält.

SCHRITT **19** Beim Anbringen der Flagge unbedingt darauf achten, dass sie richtig herum hängt (*siehe* Seite 160).

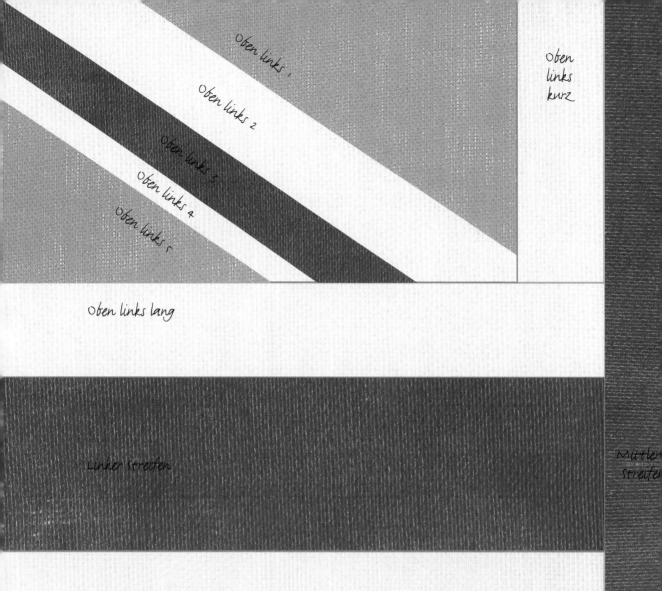

Oben links 1

Oben links 2

Oben links 3

Oben links 4

Oben links 5

Oben
links
kurz

Oben links lang

Linker streifen

Mittler
streifen

Unten links lang

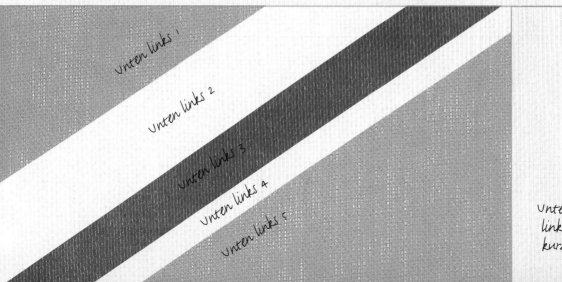

Unten links 1

Unten links 2

Unten links 3

Unten links 4

Unten links 5

Unten
links
kurz

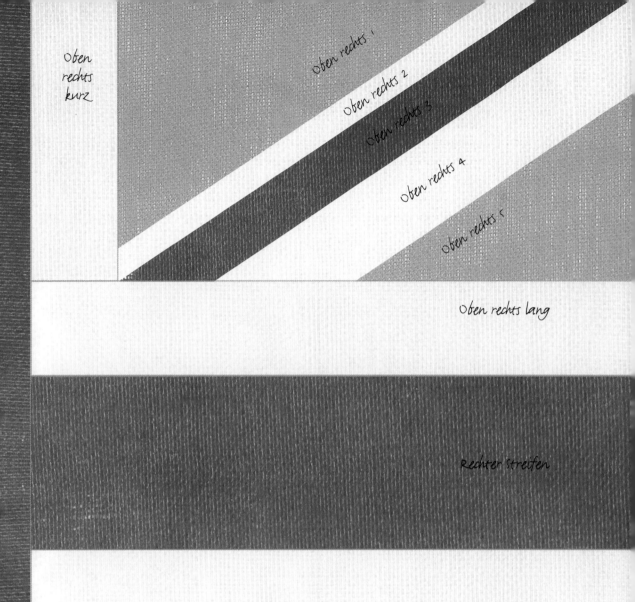

Oben
rechts
kurz

Oben rechts 1

Oben rechts 2

Oben rechts 3

Oben rechts 4

Oben rechts 5

Oben rechts lang

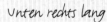

Rechter Streifen

Unten rechts lang

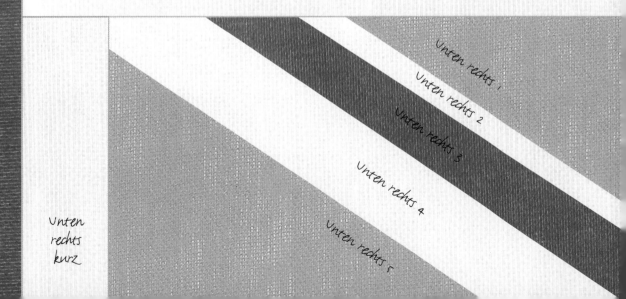

Unten rechts 1

Unten rechts 2

Unten rechts 3

Unten rechts 4

Unten rechts 5

Unten
rechts
kurz

Bestimmt würden ganz viele Leute, nach ihrer Lieblingssüßspeise aus Kindertagen befragt, den Wackelpudding nennen, und manche würden hinzufügen, dass man es bei der nostalgischen Erinnerung daran auch am besten belässt. Da bin ich anderer Meinung. Alkohol und Früchte machen sich gut in diesen Gelees und so sind Götterspeisen in meinen Augen eine farbenfrohe, lustige und daher großartige Bereicherung für jede Tea Party am Nachmittag. Und jene, die bei dem Anblick zunächst die Nase rümpfen, sind oft die Ersten, die sich dann eine zweite Portion holen.

Weingelee-Tiere

VORBEREITUNG
25 Minuten
plus Zeit zum
Kühlen

6 PORTIONEN

4 EL Wasser

3 TL Gelatinepulver

40 g extrafeiner Zucker

Variante 1: Schildkröte

500 ml Roséwein

250 g kleine Erdbeeren, geputzt und halbiert

Variante 2: Kaninchen

500 ml Sauternes oder ein anderer Dessertwein

je 125 g Brombeeren und dunkle Trauben, entkernt

1 Das Wasser in eine hitzebeständige Schüssel füllen. Die Gelatine einstreuen und, ohne zu rühren, 5 Minuten quellen lassen. Anschließend die Schüssel so in einen Topf mit leise sprudelndem Wasser einhängen, dass der Boden nicht eintaucht. Wenn die Gelatine nach 5 Minuten gelöst und die Flüssigkeit klar ist, die Schüssel herausnehmen. Den Zucker einrühren, bis er sich gelöst hat. Die Mischung leicht abkühlen lassen, dann langsam den Wein einrühren.

2 Die Früchte in eine dekorative Form (möglichst in Tiergestalt) füllen und mit der Geleemischung übergießen. Mit Frischhaltefolie abdecken und für etwa 3 Stunden in den Kühlschrank stellen, bis das Gelee fest ist.

3 Mit einem kleinen, spitzen Messer am Rand der Form entlangfahren, um das Gelee zu lösen. Die Form bis kurz unter dem Rand für etwa 10 Sekunden in warmes Wasser tauchen. Dann das Gelee auf eine Servierplatte stürzen. Falls sich das Gelee noch nicht löst, erneut kurz ins Wasser tauchen.

Jedes Mal, wenn ich diese Pannacotta serviere, höre ich entzückte Ohs und Ahs, und oft sagen mir die Gäste, dass sie es kaum über sich brächten, etwas so Hübsches zu verspeisen. Dann aber würde ihnen wirklich etwas entgehen, denn die milchig zarte, dezent mit Rosenwasser parfümierte Köstlichkeit schmeckt mindestens ebenso gut, wie sie aussieht.

Rosige PANNacoTTa

VORBEREITUNG
25–30 Minuten
plus Kühlzeit

KOCHZEIT
10 Minuten

6 PORTIONEN

6 TL Gelatinepulver

350 ml Milch

700 g Crème double

950 g extrafeiner Zucker

½ TL Rosenwasser

6 essbare Tattoos mit Rosenmotiv (erhältlich unter www.vintagepatisserie.co.uk)

1 Gelatine in 6 El Wasser einstreuen und, ohne zu rühren, 5 Minuten quellen lassen. Anschließend die Schüssel so in einen Topf mit leise sprudelndem Wasser einhängen, dass der Boden nicht eintaucht. Wenn die Gelatine nach 5 Minuten gelöst und die Flüssigkeit im Topf klar ist, die Schüssel herausnehmen.

2 Milch, Crème double und Zucker in einem großen Topf unter ständigem Rühren kurz aufkochen und vom Herd nehmen. Rosenwasser und die gelöste Gelatine einrühren. Die Creme gleichmäßig verteilt in sechs Teetassen (oder andere Förmchen) füllen und für etwa 3 Stunden kalt stellen – sie soll schließlich so fest sein, dass sie auch beim Neigen der Tasse ihre Form behält.

3 Mit einem kleinen, spitzen Messer am Rand der Tassen entlangfahren, um die Pannacotta zu lösen. Die Tassen für etwa 10 Sekunden in warmes Wasser tauchen, dann die Pannacotta vorsichtig auf Dessertteller stürzen. Falls sich die Pannacotta noch nicht löst, erneut kurz ins warme Wasser tauchen.

4 Vor dem Servieren auf jeder Pannacotta ein essbares Rosen-Tattoo anbringen. Dazu halten Sie die das Abziehbild für 30 Sekunden auf die Pannacotta und streichen dabei leicht über die Rückseite, damit das Bild auch sicher auf die Pannacotta übertragen wird.

Im Grunde meines Herzens bin ich altmodisch und liebe daher auch Traditionsdesserts. Mit an erster Stelle steht dabei das Trifle. Löffelbiskuits, getränkt mit Alkohol, dann eine Lage Gelee, Vanillepudding und zuletzt eine Sahnehaube bilden die Bestandteile dieser Komposition, die sich darüber hinaus im Eiltempo zaubern lässt, wenn man mit Fertigprodukten arbeitet.

MINI-TRIFFLES MIT KIRSCHEN UND BITTERSCHOKOLADE

VORBEREITUNG
25 Minuten
6 PORTIONEN

6 Löffelbiskuits, in kleine Stücke gebrochen

6 EL Cherry Brandy oder Schokoladenlikör

50 g Bitterschokolade, geraspelt

1 Päckchen Götterspeise mit Kirschgemack, nach Packungsanweisung zubereitet, anschließend gehackt und leicht zerdrückt

Schattenmorellen aus dem Glas, abgetropft

6 EL Vanillecreme

100 g geschlagene Sahne

1 Die Löffelbiskuits in sechs kleine Gläsern verteilen. Jeweils mit 1 EL Cherry Brandy oder Schokoladenlikör beträufeln und mit 1 TL Schokoladenraspeln bestreuen.

2 Wenn die Löffelbiskuits den Alkohol aufgesogen haben, auf jede Portion 1 gehäuften EL Götterspeise, darauf einige Kirschen und wieder Schokoladenraspeln geben.

3 Das Dessert vor dem Servieren mit je 1 großzügigen EL Vanillecreme, anschließend einem dicken Klecks geschlagener Sahne und zu guter Letzt nochmals Schokoladenraspeln vollenden.

Wir alle lieben etwas Bling-Bling in unserem Leben. Und wenn wir uns echte Klunker nicht leisten können – wer kann das schon heutzutage? –, dann machen wir uns eben selbst welche. Man kann sie bestaunen, als Schmuck anlegen (wenn man sich trauen) und anschließend vernaschen. Ich stimme gern die Aromazutaten und Lebensmittelfarben aufeinander ab. So kombiniere ich Rosenaroma mit Pink, Pfefferminz mit Grün, Zitrone mit Gelb ... Und jetzt bitte Ihr schönstes Lächeln für die Kamera!

süße JUWELEN

VORBEREITUNG
25 Minuten
plus Zeit zum
Abkühlen

30 STÜCK

85 ml Glukosesirup

225 g extrafeiner Zucker

½ TL Lebensmittel-
aroma nach Wahl
(erhältlich online)

2–3 passend abgestimmte Lebensmittelfarben

1 Den Glukosesirup mit dem Zucker und 250 ml Wasser in einem kleinen Topf bei mittlerer bis hoher Temperatur erhitzen. Sobald das Zuckerthermometer 150°C anzeigt, vom Herd nehmen.

2 Mit einem Teigschaber die Aromazutat und die Lebensmittelfarbe in den Sirup einrühren – behutsam, da die Mischung sprudelt und dampft. In einen Messbecher umfüllen und 15 Sekunden warten, bis sich das Ganze beruhigt hat.

3 Die Mischung vorsichtig in zwei hitzebeständige Silikonformen für „Juwelen" (zu finden im Internet) gießen und in etwa 30 Minuten bei Raumtemperatur fest werden lassen.

Schon als Fünfjährige und noch als früher Teenager bereitete ich mit meiner Granny alljährlich vor Weihnachten diese Cremehütchen als kleine Geschenke zu. Ich war immer wieder erstaunt über den geringen Aufwand, der hinter dem eleganten und leckeren Konfekt steckte. Die Minzevariante schmeckt großartig zum Abschluss einer Tea Party.

BLüTEN-CremeHüTCHEN

VORBEREITUNG
25 Minuten
plus Kühlzeit

20 STÜCK

45 g Crème double

1 Tropfen Lebensmittelfarbe nach Wahl

45 ml Rosen-, Veilchen-, Minze- oder Lavendelsirup (online erhältlich)

275 g Puderzucker plus mehr für die Arbeitsfläche

100 g Bitterschokolade, in Stücke gebrochen

1 TL Sonnenblumenöl

20 kristallisierte Rosen- oder Veilchenblüten oder Minzeblätter (erhältlich online), alternativ auch Lavendelblüten, zum Dekorieren

1 In einer Schüssel Crème double, Lebensmittelfarbe und Sirup gründlich verrühren. Puderzucker darübersieben und unterziehen.

2 Eine Arbeitsfläche dünn mit Puderzucker bestäuben und die sahnige Mischung darauf mit den Händen kneten, bis sie sich fest zusammenballt. In Frischhaltefolie einschlagen und für etwa **30** Minuten in den Kühlschrank geben. Herausnehmen, auswickeln und teelöffelweise zu **20** Hütchen formen. Auf einer Platte beiseite stellen.

3 Eine Schüssel in einen Topf mit leise sprudelndem Wasser so einhängen, dass der Boden nicht eintaucht, und die Schokolade darin schmelzen. Das Öl einrühren, die Schokoladenmischung vom Herd nehmen und etwa **10** Minuten abkühlen lassen.

4 Inzwischen ein Blech oder eine Platte mit Backpapier auslegen. Die Kugeln zügig einzeln zur Hälfte in die flüssige Schokolade tauchen und auf das vorbereitete Blech geben. Jeweils mit **1** Blüte oder **1** Blatt dekorieren und zum Aushärten für **15** Minuten in den Kühlschrank geben. Zum Servieren nach Belieben in einzelne Pralinenhüllen setzen.

Ein handgemachtes Geschenk, das mit Liebe und Sorgfalt selbst hergestellt wurde, weckt immer sehr viel mehr Freude als etwas fertig Gekauftes. Unsere Zeit ist kostbar, und wenn wir sie darauf verwenden, eine Köstlichkeit wie diese selbst zu fabrizieren und möglichst perfekt zu gestalten, drückt das unsere Wertschätzung für den oder die Empfänger aus.

EARL-GREY-TRÜFFEL-HERZEN

VORBEREITUNG
10 Minuten
plus Zeit
zum Kühlen

etwa 12 STÜCK

125 g Schokolade (ich mische Bitter- und Vollmilchschokolade zu gleichen Teilen)

100 g Konditorsahne (35%)

2 TL loser Earl Grey

1 Die Schokolade in möglichst kleine Stücke schneiden und in eine hitzebeständige Schüssel füllen.

2 In einem kleinen Topf die Sahne mit den Teeblättern auf kleiner Stufe erhitzen. Sobald sie aufkocht, gleich vom Herd nehmen und durch ein feines Sieb über die Schokolade gießen.

3 Einige Minuten ruhen lassen, bis die Schokolade geschmolzen ist, dann die Zutaten verrühren, bis die Mischung eine seidige Konsistenz angenommen hat. Ein Blech mit Backpapier auslegen und die Mischung (man nennt sie Ganache) daraufgießen. Mit einem Spatel von der Mitte nach außen etwa 15 mm dick möglichst gleichmäßig ausstreichen. Die Ganache einige Stunden im Kühlschrank fest werden lassen.

4 Ausstechformen gibt es in großer Vielfalt. Ich habe mich hier für eine Herzform entschieden. Außerdem versehe ich mein Konfekt mithilfe von (selbstverständlich ungebrauchten) Stempeln mit den Initialen der Empfänger oder dem Datum der Party. Durch diesen persönlichen Touch bleibt ein Event nochmals mehr in schöner Erinnerung.

Dass ich eine Suppe als Dessert reiche, mag Ihnen etwas seltsam vorkommen. Aber diese Kaltschale ist wirklich was Besonderes, angefangen bei der Kombination der Fruchtaromen bis zu der samtig-sahnigen Textur. Man könnte dieses erfrischende Gericht, wie in skandinavischen Ländern üblich, an einem heißen Sommertag sogar als Vorspeise anbieten.

Geeiste HiMbeersuppe

VORBEREITUNG
10 Minuten
plus Kühlzeit

4 PORTIONEN

50 ml Cranberrysaft

50 g extrafeiner Zucker

400 g Himbeeren plus einige zum Dekorieren

100 g Crème fraîche plus etwas zum Dekorieren

4 Minzesträußchen zum Dekorieren

1 Cranberrysaft, Zucker und Himbeeren in den Mixer füllen. Den Deckel auflegen und die Zutaten mixen, bis die Himbeeren püriert sind. Die Mischung durchseihen, um die Himbeerkerne zu entfernen, und dabei seitlich gegen das Sieb klopfen, damit möglichst das gesamte Püree abtropft. Die Crème fraîche in das Püree einrühren. Zugedeckt für mindestens 2 Stunden in den Kühlschrank stellen.

2 Die Suppe zum Servieren in einzelne Schalen füllen. In die Mitte einen Klecks Crème fraîche geben und mit einem Zahnstocher zu einer Spirale ziehen. Mit einer Himbeere und einem Minzesträußchen dekorieren.

Aus der Verbindung von Orangen, Zitronen und Zitronengras ergibt sich eine phantastische Variante der herkömmlichen Limonade. So verlockend wie der Geschmack ist auch die sanfte rosa Farbe, die sich bei der Verwendung von Blutorangen ergibt. Ersatzweise tun es hier aber ebenso gut ganz normale Orangen.

Noch heute reden meine Freunde von dem Punsch, den es bei der Party zu meinem 21. Geburtstag gab! Hier präsentiere ich nun eine Version, die schon mit ihrer Optik Laune macht: Der Eisring ist ein echter Clou, auch weil er stundenlang kühlt, sodass Sie also immer wieder Punsch nachgießen können.

BLUTORANGEN-LIMONADE

VORBEREITUNG
25 Minuten
plus Kühlzeit
KOCHZEIT
30 Minuten
6–8 PORTIONEN

70 g extrafeiner Zucker

600 ml Wasser

2 Stängel Zitronengras

Abrieb von 2 unbehandelten Blutorangen
(oder anderen Zitrusfrüchten nach Wahl,
etwa Grapefruits, Zitronen oder Orangen)

Saft von 6 Blutorangen (oder anderen
Zitrusfrüchten nach Wahl)

Saft von 2 Zitronen

sprudelndes Mineralwasser

1 Zucker und Wasser in einen Topf füllen und bei mittlerer Temperatur aufsetzen.

2 Das Zitronengras mit einem Fleischklopfer leicht bearbeiten, um die Aromen freizusetzen, und in den Topf geben. Sobald das Wasser aufkocht, die Temperatur auf die niedrigste Stufe stellen. Rühren, bis sich der Zucker gelöst hat und die Mischung sirupartig eindickt.

3 Vom Herd nehmen und im Kühlschrank gründlich kühlen. Durch ein Sieb in einen Krug seihen. Abgeriebene Schale und Saft der Zitrusfrüchte einrühren. Zuletzt mit Mineralwasser aufgießen.

SONNENPUNSCH

VORBEREITUNG
10–15 Minuten
plus Zeit
zum Gefrieren
18 PORTIONEN

8 Maraschinokirschen

1 Bio Orange, in feine Scheiben
geschnitten, Scheiben geviertelt

1 kleine unbehandelte Zitrone, in
feine Scheiben geschnitten

1 kleine unbehandelte Limette, in
feine Scheiben geschnitten

75 ml Holunderblütensirup

500 ml Ananassaft, gekühlt

500 ml Orangensaft, gekühlt

2 l Ginger Ale, gekühlt

1 Die Früchte dekorativ in einer Ringform arrangieren und mit Wasser eben bedecken (bei zu viel Wasser treiben sie ungeordnet herum).

2 Die Form für 2 Stunden ins Gefrierfach stellen, bis der Inhalt durchgefroren ist, dann vollständig mit Wasser füllen. In weiteren 3 Stunden komplett gefrieren lassen.

3 Erst unmittelbar vor dem Servieren die Form aus dem Gefrierfach nehmen. Zum Lösen des Eisrings über den Boden der Form kaltes Wasser laufen lassen. Den Eisring auf einen sauberen Teller stürzen und dann mit der Fruchtseite nach oben in ein weites Punschgefäß geben. Sirup und Säfte mischen. Über den Eisring gießen und zuletzt das Ginger Ale dazugeben. Sofort servieren

sonnenpunsch

Dieser Drink ist Schlichtheit in Vollendung: nur aromatische Mango, leuchtend grüne Minze und guter Prosecco. Ein Vergnügen für Gaumen und Auge zugleich, da die Minze auch einen Hauch pikanter Frische verbreitet und die Mango einen goldenen Schimmer erzeugt. Spielen Sie ruhig mal mit anderen Früchten! Mit Granatapfelkernen und Blaubeeren etwa ergibt sich ein wunderschön leuchtender Purpurton, mit Erdbeeren dagegen ein zartes Rosa.

Prosecco mit Mango-Minze-Eiswürfel

VORBEREITUNG
20–25 Minuten
plus Zeit zum
Gefrieren
12 PORTIONEN

2 Mangos oder etwa 150 ml Mangosaft

12 kleine Minzeblätter

Schale aus Eis zum Servieren

2 Flaschen guter Prosecco oder
trockener weißer Sekt, gekühlt

1 Frische Mangos schälen und das Fruchtfleisch vom Stein lösen. Grob hacken, dann im Mixer pürieren. Das Püree auf zwölf Fächer einer Eiswürfelschale verteilen. Mangosaft, falls verwendet, gleich in die Eiswürfelschale gießen.

2 Die Schale ins Gefrierfach geben, bis die Würfel nach 45 Minuten halb gefroren sind. Herausnehmen und auf jeden Würfel in die Mitte ein Minzeblatt legen. Erneut ins Gefrierfach geben, bis die Würfel vollständig durchgefroren sind.

3 Für die Schale aus Eis zwei Plastik- oder Metallschüsseln von deutlich unterschiedlichem Durchmesser auswählen. Aus dem Abstand zwischen Außen- und Innenschüssel ergibt sich die Wandstärke der fertigen Eisschale. Die größere Schüssel mit etwas Wasser füllen und dieses für ca. 2 Stunden im Gefrierfach fest werden lassen. Auf diese Basis die Innenschüssel stellen und etwas Schweres hineingeben. Die äußere Schüssel nun mit Wasser auffüllen und das Ganze ins Gefrierfach stellen. Wenn das Wasser vollständig gefroren ist, die Innenschüssel entfernen und die Schale aus Eis behutsam stürzen (falls sie sich nicht gleich löst, den Boden der Schüssel für einige Sekunden in warmes Wasser tauchen).

4 Die Mango-Minze-Würfel in der Schale aus Eis präsentieren. In jedes Glas einen Würfel geben. Mit Prosecco auffüllen und den Drink sogleich genießen.

Das Auge isst ja bekanntlich mit, und in meinem Innersten muss ich das bereits als Kind schon so empfunden haben. Damals habe ich mich immer für einen roten oder orangefarbenen Slush entschieden, denn allein der Anblick eines bläulichen Eisgetränks schreckte mich ab. An einem heißen Sommertag ist ein Slush köstlich erfrischend, und die Zubereitung ist ein Kinderspiel. Man lässt einfach ein beliebiges Getränk gefrieren, was je nach dem eventuell enthaltenen Alkohol bis zu 4 Stunden dauert. Danach nur kurz umrühren und sofort servieren. Bei den folgenden Rezepten ist der Kontrast zwischen der Wärme, die vom Bourbon oder Weinbrand ausgeht, und der Eiseskälte des Drinks besonders reizvoll.

BOURBON SLUSH

VORBEREITUNG
5 Minuten plus Zeit zum Kühlen und Gefrieren
6 PORTIONEN

12 Beutel English Breakfast Tea

300 ml sprudelnd kochendes Wasser

etwa 100 g extrafeiner Zucker (nach Geschmack)

100 ml Bourbon

850 ml Limonade

Zesten von 1 unbehandelten Zitrone zum Servieren

1 Die Teebeutel in einem Messbecher mit dem Wasser übergießen und 3 Minuten ziehen lassen. Zucker einrühren, bis er sich gelöst hat, und die Teebeutel herausnehmen. Den Tee für 30 Minuten kalt stellen.

2 Bourbon und Limonade einrühren. Die Mischung gefrieren lassen, bis sie die Konsistenz von grobem Schneematsch angenommen hat – je nach Tiefkühlgerät dauert dies bis zu 4 Stunden.

3 Den Slush aus dem Gefrierfach nehmen, umrühren und auf sechs Bechergläser verteilen. Mit Zitronenzesten dekorieren und sofort servieren.

SLUSH von BRANDY und grünem Tee

VORBEREITUNG
5 Minuten plus Zeit zum Kühlen und Gefrieren
6 PORTIONEN

12 Beutel grüner Tee

300 ml sprudelnd kochendes Wasser

etwa 100 g extrafeiner Zucker (nach Geschmack)

100 ml Weinbrand

850 ml Ginger Ale

Zesten von 1 unbehandelten Orange zum Servieren

1 Die Teebeutel in einem Messbecher mit dem Wasser übergießen und 3 Minuten ziehen lassen. Zucker einrühren, bis er sich gelöst hat, und die Teebeutel herausnehmen. Den Tee für 30 Minuten kalt stellen.

2 Weinbrand und Ginger Ale einrühren. Die Mischung gefrieren lassen, bis sie die Konsistenz von grobem Schneematsch angenommen hat – je nach Tiefkühlgerät dauert dies bis zu 4 Stunden.

3 Den Slush aus dem Gefrierfach nehmen, umrühren und auf sechs Bechergläser verteilen. Mit einem Stück Orangenschale dekorieren und sofort servieren.

EVENING
ABENDS

EVENING INHALT

Zeit für großes Kino! Bereiten Sie Ihren Gästen einen Abend voll märchenhaftem Zauber, Theatralik und Opulenz.

Eine abendliche Tea Party sprengt ohnehin den Rahmen jeder Tradition. Lassen Sie sich also von den Ideen in diesem Kapitel beflügeln und lassen Sie Ihrer Kreativität freien Lauf.

Nicht auszuschließen, dass Sie sich im Verlauf der Party mehr als einmal sagen hören:

„Eigentlich ist die Zubereitung keine große Kunst, trotzdem aber danke für das Kompliment."

„Oh, danke! Das Teil fiel mir in einem Trödelladen ins Auge, und da dachte ich gleich, dass es eine super Tischdeko abgeben würde."

„Sie finden es fabelhaft? Dann ist meine Mission ja erfüllt."

Alle sollen lachen, tanzen und einfach Spaß haben – am besten, bis zum nächsten Morgen.

Hat jemand Lust auf Brunch?

Mmh! Nichts lädt mehr zum Schwelgen ein als eine Platte voll verlockend schimmernder Austern. Ihr salziger, aromatischer Saft und dazu das weiche, zarte Fleisch machen sie für mich zu absoluten Favoriten. Außerdem hege ich immer die Hoffnung, irgendwann einmal in einem der Prachtstücke eine Perle zu finden. Noch luxuriöser präsentieren sich diese Leckerbissen, wenn man etwas echtes Gold aufstreut. Am Geschmack ändert es nichts, aber es betont den Glamoureffekt noch erheblich.

24-KARAT-AUSTERN

VORBEREITUNG
15 Minuten
6 PORTIONEN

12 Austern

1 TL Cayennepfeffer

1 Bogen oder fertige Flocken essbares Blattgold
(zu finden in Spezialgeschäften für
Backzubehör oder online erhältlich)

reichlich grobes Salz

12 Zitronenspalten

1 Eine Auster mit einem Geschirrtuch fest packen und – die Wölbung nach unten – auf der Arbeitsfläche fixieren. Mit dem Austernmesser an der Spitze (Scharnier) einstechen. Die Klinge hin und her bewegen, nach Bedarf auch leicht drehen, und so die Auster aufstemmen. Das Messer zwischen den Schalenhälften entlangführen, um den seitlichen Muskel zu durchtrennen. Den „Deckel" abheben – vorsichtig, damit nichts von dem Saft verlorengeht.

2 Die Muschel mit der flachen Klinge vollständig vom Schalengrund lösen, ohne dass sie dabei herausrutscht. Auf diese Weise alle Austern vorbereiten.

3 Die Austern jeweils mit 1 Prise Cayennepfeffer bestreuen.

4 Über einer kleinen Schüssel vom Blattgoldbogen mit einer Pinzette kleine Flocken abzupfen. Auf jede Auster 4–6 Goldflocken streuen.

5 Eine Etagere oder Servierplatte mit grobem Salz ausstreuen und die Austern in ihrer Schale darauf anrichten. Dazu die Zitronenspalten bereitstellen.

Das Konservieren von Nahrungsmitteln in Fett hat eine lange Tradition. Sehr populär war es in Großbritannien während des Zweiten Weltkriegs, und wie vieles Altbewährtes feiert es nun ein Comeback. Diese Vorspeise ist im Nu zubereitet, sieht dabei mega-stylish aus und schmeckt auch noch himmlisch. Die Butter verleiht der Zubereitung einen köstlichen Schmelz und hält sie außerdem bei Aufbewahrung im Kühlschrank bis zu vier Wochen frisch. Aber so lange wird sie ohnehin nicht überleben!.

GARNELEN-CONFIT MIT KNUSPEREFFEKT

VORBEREITUNG
10 Minuten
6 PORTIONEN

250 g Butter

400 g gekochte Garnelen, Raumtemperatur

1 TL Cayennepfeffer

½ TL geriebene Muskatnuss

1 Prise Meersalz

schwarzer Pfeffer

Zum Servieren

100 g knusprige Schweineschwarte oder kross gebratener Bacon, zerbröselt

6 große gekochte, aber ungeschälte Garnelen

6 Scheiben Melba-Toast (*siehe* Seite 72)

1 Butter in einem kleinen Topf zerlassen. Mit einem Löffel die Eiweißrückstände von der Oberfläche abnehmen und die geklärte Butter in eine Schüssel gießen. Die kleinen Garnelen mit den Gewürzen dazugeben und gut durchmischen. In sechs kleine Gläser oder Förmchen füllen.

2 Als kleines knuspriges Extra auf jede Portion ein paar Brösel von der Schweineschwarte oder vom Bacon streuen. Die Garnelen auf den Rand der Gläser setzen, dafür zuvor ihre Beine etwas auseinanderziehen. Mit warmen Melba-Toasts servieren.

Brandteig ist locker und leicht, knusprig und weich zugleich. In der Backofenhitze bläht er sich luftig auf, und dabei entstehen Hohlräume, die wie geschaffen sind, um süße oder herzhafte Leckereien aufzunehmen. Hier habe ich die Windbeutelchen mit einer Krebsfleischfarce gefüllt. Als ich sie einmal bei einer Party am Abend angeboten habe, gingen sie weg wie warme Semmeln. Vielleicht sollten Sie also gleich die doppelte Menge machen.

Krebse im WINDbeutel

Für den Teig

125 ml Wasser

70 g Butter

70 g Mehl

2 Freilandeier, verquirlt

VORBEREITUNG
45 Minuten
KOCHZEIT
30 Minuten
12 STÜCK

Für die Farce

150 g Krebsfleisch, gekocht und zerpflückt

70 g Crème fraiche

4 Frühlingszwiebeln, fein gehackt

1 Frühlingszwiebel für die Garnitur

1 Prise Cayennepfeffer

Salz und schwarzer Pfeffer

1 Den Backofen auf 220°C vorheizen. Ein Backblech mit Backpapier auslegen.

2 In einem kleinen Topf das Wasser mit der Butter bei mittlerer Temperatur erhitzen, bis es kocht und die Butter geschmolzen ist. Sofort das gesamte Mehl auf einmal hineinschütten und einige Minuten kontinuierlich mit einem Holzlöffel rühren, bis sich die Masse vom Topf löst und zu einem Kloß ballt. Vom Herd nehmen und noch 1 Minute rühren, um die Masse etwas abkühlen zu lassen.

3 Die verquirlten Eier peu á peu hinzufügen und jeweils gründlich einrühren. Was am Topfrand und -boden haftet, losschaben und weiter rühren, bis das gesamte Ei gleichmäßig eingearbeitet ist.

4 Mit zwei Löffeln oder einem Spritzbeutel zwölf Teighäufchen in Abständen von etwa 2,5 cm auf das vorbereitete Blech setzen. Für 25 Minuten in den Ofen schieben, bis sie aufgegangen und goldbraun sind.

5 Alle Zutaten für die Farce in einer Schüssel vermengen. Mit einem Messer in jedes „Teigbeutelchen" einen kleinen Schlitz schneiden und diesen mit den Fingern behutsam aufdrücken. Jeweils 1 gehäuften TL Farce mit einem Löffel oder Spritzbeutel einfüllen.

6 Für die Garnitur die grünen Frühlingszwiebelblätter längs in schmale Streifen schneiden. In ein wenig eiskaltem Wasser in den Kühlschrank stellen, bis sie sich ringeln. Die Windbeutelchen damit bestreuen und kalt servieren.

Wer früher eine Lachsforelle auf den Tisch bringen wollte, musste sich mit Ölzeug und Südwester rüsten, ein Boot besteigen und sie selbst aus dem Meer holen. Heute geht man einfach zum nächsten Fischhändler, und sogar in besseren Supermärkten wird man fündig. Wildgefangene Lachsforellen sind denen aus Aquakulturen was Farbe, Textur und Geschmack angeht bei weitem überlegen. Sollten Sie keine bekommen, nehmen Sie lieber einen guten Bio-Lachs.

Tartar von Lachs-Forelle

VORBEREITUNG
30 Minuten
plus Zeit zum
Kühlen
4 PORTIONEN

600 g Lachsforellen oder Bio-Lachsfilet, fein gewürfelt

Saft und Abrieb von
2 unbehandelten saftigen Limetten

20 cm geschälte Salatgurke, halbiert,
Samen mit einem Löffel herausgeschabt,
Fruchtfleisch fein gewürfelt

4 EL fein gehackter Dill plus
etwas Dill zum Garnieren

Olivenöl

Salz und schwarzer Pfeffer

Für die Wasabi-Mayonnaise (nach Belieben)

5 g Wasabi-Pulver

1 TL kaltes Wasser

250 g Mayonnaise

1 Fisch, Limettenabrieb und - saft, Gurken und Dill in eine Schüssel geben. Olivenöl hinzufügen – die Menge sollte der des Limettensafts entsprechen. Nach Geschmack salzen und pfeffern, alles gründlich vermengen.

2 Vier Dariolförmchen mit Frischhaltefolie auskleiden. Die Fischmischung einfüllen und fest zusammendrücken. Für 2 Stunden in den Kühlschrank stellen.

3 Für die Wasabi-Mayonnaise, falls gewünscht, das Wasabi-Pulver mit dem Wasser in einer kleinen Schüssel zu einer glatten Paste verrühren und diese unter die Mayonnaise ziehen.

4 Die Förmchen aus dem Kühlschrank nehmen, das Tatar auf einzelne Teller stürzen. Mit Dillsträußchen garnieren und nach Belieben mit Wasabi-Mayonnaise servieren.

Stellen Sie sich vor, sie erscheinen zu einer Party und treten in einen Raum, der von zahlreichen flackernden Kerzen erleuchtet ist. Sogleich regt sich in ihnen eine gespannte Erwartung darauf, was der Abend für Sie bereithält. Die richtige Beleuchtung leistet einen wesentlichen Beitrag zu einem gelungenen Fest. Für eine stimmungsvolle Atmosphäre sorgen Kerzen, die sich auch leicht selbst herstellen lassen. Die Gefäße dafür kann man wieder und wieder verwenden.

WAS SIE BRAUCHEN

Dochthalter (oder Gewicht aus Metall) ✳ Docht ✳ Klebepunkte ✳ Teetasse, Zuckerschale oder Konfitüreglas ✳ Bleistift ✳ Kerzenwachs ✳ Topf

SCHRITT 1 Den Dochthalter (oder das Gewicht) an einem Ende des Dochts befestigen und dann mit einem Klebepunkt auf dem Boden des Gefäßes in der Mitte fixieren.

SCHRITT 2 Den Bleistift quer über das Gefäß legen und das andere Dochtende daran anknoten. Der Docht soll straff gespannt sein und vom Boden gerade nach oben führen.

SCHRITT 3 Das Wachs in Stücke brechen und in einem Topf bei ganz niedriger Temperatur schmelzen. Dabei den Topf niemals aus den Augen lassen.

SCHRITT 4 Das Wachs in das Gefäß gießen, ohne den Docht dabei zu verschieben. Wachsreste auf keinen Fall in den Ausguss schütten (Verstopfungsgefahr!), sondern auf Zeitungspapier oder einen Lappen gießen und wegwerfen.

SCHRITT 5 Das Wachs im Gefäß vollständig aushärten lassen. Erst danach den Bleistift entfernen und den Docht kürzen.

SCHRITT 6 Voilà! Fertig ist die selbstgemachte Kerze.

Kerzen gießen

Wenn Granny gehackte Leber für die versammelte Familie zubereitet hatte, entbrannte am Ende regelmäßig Streit darüber, wer die Reste nach Hause mitnehmen durfte. Etwas raffinierter als Grannys Rezept ist diese Variante, die bei meinen Partys reißenden Absatz findet. Das liegt wohl an dem Kontrast zwischen der schmelzig-zarten Pastete und dem knusprigen Filoteig, aber bestimmt auch an den niedlichen Körbchen.

HüHNerLeberpastete
iN FiLoteig-Körbchen

VORBEREITUNG
40 Minuten

KOCHZEIT
12–15 Minuten

24 STÜCK

175 g Butter

1 kg Hühnerlebern,
küchenfertig vorbreitet

50 ml Weinbrand

4 EL Crème double

Salz und schwarzer Pfeffer

8 ausgerollte Filoteig-Blätter

24 Perlzwiebeln

1 Den Backofen auf 220°C vorheizen. In einer Pfanne 50 g Butter auf hoher Stufe zerlassen. Die Hühnerlebern 3–4 Minuten braten, bis sie gar, aber im Kern noch rosa sind. Dabei gelegentlich wenden, damit sie gleichmäßig garen. Weinbrand darübergießen und verdampfen lassen. Die Pfanne vom Herd nehmen, die Hühnerlebern leicht abkühlen lassen. In einem Topf weitere 50 g Butter zerlassen. Mit den Hühnerlebern und der Crème double in den Mixer geben. Glatt pürieren, mit Salz und Pfeffer würzen.

2 Restliche Butter zerlassen. 4 Teigblätter übereinanderschichten, dabei jede Lage mit Butter bestreichen, auch die oberste. Mit einem runden Plätzchenausstecher von 8 cm Durchmesser zwölf Kreise ausstechen und die Mulden eines Mini-Muffin-Blechs (12 Stück) damit auskleiden. Mit den übrigen Teigblättern genauso verfahren. Die Teigkörbchen in 6 Minuten goldbraun backen.

3 Aus den Formen nehmen und auf einem Drahtgitter auskühlen lassen. Die Leberpastete in einen Spritzbeutel mit Sterntülle füllen und in die Teigkörbchen spritzen. Jeweils mit 1 Perlzwiebel garnieren.

Eine Weile hatte ich Kalbfleisch wegen der schrecklichen Produktionsmethoden boykottiert. Da aber inzwischen Richtlinien für einen artgerechteren Umgang mit den Tieren erlassen wurden, kann ich den Kauf wieder mit meinem Gewissen vereinbaren. In der Tapenade aus sonnengetrockneten Tomaten findet das wundervoll zarte und delikate Fleisch die perfekte Ergänzung. Praktisch an dieser attraktiven Party-Vorspeise ist, dass man sie bereits am Vortag zubereiten kann. Anschließend in den Kühlschrank geben und einfach 10 Minuten vor dem Servieren herausnehmen.

Kalbsröllchen

VORBEREITUNG
30 Minuten,
plus Zeit zum
Kühlen
KOCHZEIT
15–20 Minuten
16–20 STÜCK

4 Kalbsschnitzel je etwa 150 g

100 g grüne Bohnen

4–8 Scheiben Prosciutto (je nach Größe)

4 EL Tapenade von sonnengetrockneten Tomaten (aus dem Glas)

Salz und schwarzer Pfeffer

Olivenöl zum Beträufeln

1 Die Schnitzel einzeln zwischen zwei Lagen Frischhaltefolie legen und mit dem Nudelholz auf etwa 2 mm Stärke flach walzen.

2 Grüne Bohnen 2 Minuten in kochendem Salzwasser blanchieren. Abseihen und unter fließendem kaltem Wasser abschrecken.

3 Auf ein frisches Stück Frischhaltefolie 1–2 Scheiben Prosciutto und darauf 1 Kalbschnitzel legen. Mit 1 EL der Tomaten-Tapenade gleichmäßig bestreichen. Auf ein Ende des Schnitzels ein Viertel der Bohnen geben und säuberlich ausrichten. Kräftig salzen und pfeffern. Das Schnitzel fest zusammenrollen und in die Folie einwickeln. Die restlichen Zutaten genauso verarbeiten. Die Rouladen, um sie zu festigen, für 30 Minuten in den Kühlschrank geben.

4 Den Backofen auf 180°C vorheizen. Die Rouladen auswickeln und mit Küchengarn jeweils drei- bis viermal fest umbinden. Eine Pfanne kräftig erhitzen. Die Rouladen mit Öl bestreichen und in die Pfanne einlegen. Rasch rundum goldbraun anbraten. Auf ein Backblech geben und 8–12 Minuten im Ofen garen. Herausnehmen, 5 Minuten ruhen lassen und dann jeweils in etwa 2 cm dicke Scheiben schneiden.

Ich würde wohl jedes Rezept ausprobieren, das sich im Titel mit dem Wort „Krone" schmückt. Tatsächlich verspricht dieser britische Klassiker königlichen Genuss und sieht, ob zum Hauptgang aufgetragen oder auf einem Büffet präsentiert, auch äußerst herrschaftlich aus. Die Mitte der Krone ist wie geschaffen, um vor dem Servieren erlesene Früchte, eine separat zubereitete Füllung oder ein Medley von Gemüse der Saison hineinzufüllen

LAMMKRONE

VORBEREITUNG
40 Minuten
plus Zeit zum
Kühlen
KOCHZEIT
35–45 Minuten
4 PORTIONEN

2 Kotelettseiten vom Lamm, die
Rippenenden sauber freigelegt
Salz und schwarzer Pfeffer

Zum Servieren
Auswahl feiner Früchte, etwa Kumquats, Feigen
und Cranberrys einige kleine Rosmarinzweige

1 Den Backofen auf 200°C vorheizen. Überschüssiges Fett von den Kotelettseiten entfernen. Mit einem scharfen Messer die Sehne zwischen den Koteletts vom dickeren Ende aus 2,5 cm tief einschneiden. Die beiden Kotelettstücke so zu Halbkreisen biegen, dass die fettreiche Seite der Rippen innen liegt.

2 Mit einer großen Stopfnadel und Küchengarn die Enden sorgfältig zusammennähen – die nach oben zeigenden Rippen bilden die „Zacken" der Krone. Mit einem weiteren Stück Küchengarn die Krone auf halber Höhe umbinden. Salzen und pfeffern, anschließend für 20 Minuten in den Kühlschrank stellen, damit sich die Form festigt.

3 Aus dem Kühlschrank nehmen und die Knochenenden einzeln mit Alufolie umwickeln. Die Lammkrone in einen Bräter setzen und im Ofen nach Wunsch garen: 35 Minuten für medium rare (in der Mitte noch blutig, beim Einstechen mit einem scharfen Messer tritt rosa Saft aus) beziehungsweise 45 Minuten für medium (Fleisch rosa, Saft hell bis klar). Aus dem Ofen nehmen und 10 Minuten ruhen lassen. Die Folie abnehmen, den Braten auf einer Platte anrichten. Mit Früchten füllen, Rosmarinzweige und weitere Früchte ringsum arrangieren.

Damit Pie-Füllungen, wie es sich gehört, auf der Zunge zergehen, muss man bei Varianten mit Fleisch ganz langsam schmoren. Dagegen darf man Fisch und Huhn auf keinen Fall übergaren.

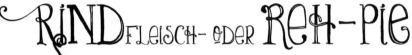

RINDFLEISCH- ODER REH-PIE

VORBEREITUNG
15 Minuten

KOCHZEIT
etwa 2½ Stunden

6 PORTIONEN

1 kräftiger Schuss Olivenöl

750 g Rinderhesse oder Rehschulter, gewürfelt

1 Zwiebel, fein gewürfelt

2 Knoblauchzehen, zerdrückt

100 g Chorizo, gewürfelt

1 Rosmarinzweig

2 EL Mehl

500 ml Rotwein

Salz und schwarzer Pfeffer

375 g ungesüßter Mürbeteig, backfertig auf Backpapier ausgerollt

1 Freilandei, verquirlt

1 Öl in einer Pfanne erhitzen. Fleisch mit Küchenpapier trocken tupfen und in der Pfanne verteilen, aber nicht umrühren. Nach 2 Minuten kurz durchmischen und in weiteren 2 Minuten goldbraun braten. Mit einer Schaumkelle herausnehmen und auf einem Teller beiseite stellen. Zwiebel mit Knoblauch, Chorizo und Rosmarin in der Pfanne weich schwitzen. Das Fleisch hinzugeben und Mehl darübersieben und unter ständigem Rühren 3–4 Minuten braten.

2 Vom Herd nehmen und portionsweise den Wein einrühren. Wieder aufsetzen, einmal aufkochen und dann auf kleinerer Stufe mindestens 1½ Stunden köcheln lassen. Eventuell Wasser dazugießen. Mit Salz und Pfeffer abschmecken, abkühlen lassen.

3 Den Backofen auf 190°C vorheizen. Ein Teigblatt so zuschneiden, dass es etwas größer als eine große Pie-Form ist. Teigreste beiseite legen. Die Fleischmischung in die Form füllen. Den Rand mit Ei bepinseln, das Teigblatt über die Füllung breiten und den überstehenden Rand außen an der Form andrücken. Aus den Teigresten Formen ausstechen, auf den Teigdeckel legen und alles mit Ei bestreichen. Die Pie auf der mittleren Schiene in etwa 45 Minuten goldgelb backen.

HÄHNCHEN-SPARGEL-PIE

VORBEREITUNG
15 Minuten

KOCHZEIT
etwa 1¼ Stunden

6 PORTIONEN

1 kräftiger Schuss Olivenöl

500 g Hähnchenbrustfilet, gewürfelt

1 Zwiebel, fein gewürfelt

2 Knoblauchzehen, zerdrückt

2 EL Mehl

200 ml Weißwein

200 g grüne Spargelspitzen, blanchiert

1 Estragonstiel, gezupft und gehackt

100 g Crème double

Salz und schwarzer Pfeffer

375 g ungesüßter Mürbeteig, backfertig ausgerollt

1 Freilandei, verquirlt

1 Öl in einer Pfanne erhitzen. Hähnchenfleisch mit Küchenpapier trocken tupfen und in der Pfanne verteilen, aber nicht durchmischen. Nach **2** Minuten kurz umrühren und noch **2** Minuten braten. Mit einer Schaumkelle herausnehmen und beiseite stellen. Zwiebel und Knoblauch weich dünsten, Mehl darüber sieben und 3–4 Minuten unter Rühren anschwitzen.

2 Vom Herd nehmen und den Wein portionsweise einrühren. Wieder aufsetzen, einmal aufkochen und dann die Hitze verringern. Fleisch, Spargel und Estragon in die köchelnde Sauce geben. Nach **10** Minuten die Crème double unterziehen, salzen und pfeffern. Noch einmal aufkochen, danach vom Herd nehmen und abkühlen lassen.

3 Die Pie, wie links in Schritt **3** beschrieben, fertig stellen.

EINFACHE FISCH-PIE

VORBEREITUNG
20 Minuten

KOCHZEIT
etwa 1¼ Stunden

6 PORTIONEN

400 g gemischte Fischfilets
(Lachs, geräucherter Kabeljau/
Schellfisch) und Garnelen

50 g Butter

1 Zwiebel, fein gewürfelt

2 Knoblauchzehen, zerdrückt

2 EL Mehl

200 ml Weißwein

100 g Crème double

1 EL Kapern

Salz und schwarzer Pfeffer

1 hart gekochtes Ei, gepellt und geviertelt

375 g ungesüßter Mürbeteig, backfertig ausgerollt

1 Freilandei, verquirlt

1 Fisch und Garnelen in einem Topf knapp mit Wasser bedecken und einmal aufkochen. Vom Herd nehmen und im Wasser beiseite stellen. Butter in einer Pfanne zerlassen, Zwiebel und Knoblauch weich dünsten. Mehl darübersieben und 3–4 Minuten unter ständigem Rühren anschwitzen. Vom Herd nehmen und den Wein portionsweise einrühren. Wieder aufsetzen, einmal aufkochen und dann die Hitze verringern.

2 Fisch und Garnelen grob zerpflücken. Zusammen mit der Crème double und den Kapern in die köchelnde Sauce geben. Erneut aufkochen vom Herd nehmen. Salzen und pfeffern, die Eiviertel hinzufügen und abkühlen lassen.

3 Die Pie, wie auf Seite **210** in Schritt **3** beschrieben, fertig stellen.

Manchmal vergrabe ich zu allem Überfluss noch ein paar Spielzeugsärge im Couscous! Liebhaber des Makaberen dürften ihre Freude daran haben. Und nebenbei ist es auch noch überaus gesund. Reichen Sie als Beigabe Dips, etwa ein kräftig gepfeffertes Hummus, Auberginenpüree, Makrelenmousse oder Tsatsiki.

SALATFRIEDHOF

VORBEREITUNG
30 Minuten
4 PORTIONEN

2 TL Tintenfischtinte (erhältlich bei guten Fischhändlern) oder schwarze Lebensmittelfarbe (nach Packungsanweisung dosiert)

150 g Couscous

1 TL Olivenöl

Salz und schwarzer Pfeffer

gemischte kleine, junge Blattsalate (etwa Rucola und Mizuna), Mini-Kräuterstängel und Sprossen (bitte gründlich waschen) und Kresse

gemischtes Babygemüse wie Zucchini, Radieschen, Fenchel, Möhren, Pak choi (zu finden in großen Super- und Asia-Märkten und natürlich im eigenen Garten) – 150 g pro Sorte

Auswahl an Dips

1 Tintenfischtinte oder Lebensmittelfarbe in einem Messbecher mit 200 ml frisch aufgekochtem Wasser vermischen. Couscous in einer großen Schüssel damit übergießen. Das Öl sowie Salz und Pfeffer nach Geschmack untermischen. Die Schüssel mit Frischhaltefolie abdecken und den Couscous quellen lassen, bis er nach etwa 10 Minuten die gesamte Flüssigkeit aufgesogen hat. Mit einer Gabel fein auflockern.

2 Den schwarzen Couscous auf einer Servierplatte verteilen. Salatblätter, Kräuter und Sprossen in dieses „Beet" einpflanzen – wie beim Anlegen eines kleinen Gartens.

3 Mit einer Auswahl von Dips servieren und jedem Gast eine kleine Schere geben, damit alle ganz nach ihrem persönlichen Geschmack Salat „ernten" können.

Ein echter Hingucker sind diese Artischocken-Rasseln. Wenn ich früher frische Artischockenherzen zubereitet habe, tat es mir immer Leid, die schönen Blütenhüllen wegzuwerfen. So kam ich auf die Idee, sie als Serviergefäße für diesen herrlichen Dip zu nutzen. Dafür tun es aber auch Artischockenherzen aus dem Glas, denn sie werden zusammen mit der Roten Bete püriert. Genießen Sie die frischen Herzen lieber im Ganzen, zum Beispiel mit einer Vinaigrette.

ARTISCHOCKEN-RASSELN MIT ROTER BETE

VORBEREITUNG
30 Minuten

8 PORTIONEN

150 g vorgekochte Rote Bete, grob gehackt

8 Artischockenherzen aus dem Glas, grob gehackt

250 g Ricotta

1 Handvoll Schnittlauch, fein gehackt, plus mehr zum Garnieren

1 EL natives Olivenöl extra

Saft von ½ Zitrone

Salz und schwarzer Pfeffer

8 große Artischocken

Melba-Toasts (*siehe* Seite 72) zum Servieren

1 Rote Bete und Artischockenherzen im Standmixer oder mit dem Pürierstab pürieren. Ricotta, Schnittlauch, Olivenöl und Zitronensaft mit einem Holzlöffel unter das Püree ziehen. Mit Salz und Pfeffer abschmecken.

2 Mit einem kleinen, scharfen Messer aus den Artischocken die Herzen von oben herauslösen (gleich in Zitronenwasser einlegen, damit sie nicht dunkel anlaufen, und für eine spätere Verwendung beiseite stellen). Die nun leeren Artischockenblüten mithilfe eines Löffels oder auch eines Spritzbeutels mit runder Tülle mit dem Püree füllen.

3 Die Artischocken in einzelne Gläser stellen. Alternativ alle acht „Rasseln" zusammen in einem schweren Glas oder einer Vase arrangieren – ein eindrucksvoller Tischschmuck.

4 Dazu selbstgemachte Melba-Toasts reichen, mit denen man den Dip aus den Kelchen löffelt.

Anfang des 20. Jahrhunderts galt Aspik, ein aus Fleischbrühe bereitetes herzhaftes Gelee, als très chic. Die großen Köche übertrumpften sich gegenseitig mit ihren Kreationen, und es gab kaum etwas, das sie nicht in einem glamourösen Schwebezustand präsentierten. Ich finde den Anblick schimmernder Sülzen ebenfalls umwerfend, zum Beispiel diese einfache Variante mit Pilzen, die ich gern als Beilage reiche.

KLEINE PILZSÜLZCHEN

VORBEREITUNG
30 Minuten
plus Einweich-
und Kühlzeit
KOCHZEIT
15 Minuten
6 PORTIONEN

30 g getrocknete Steinpilze

50 ml Olivenöl

30 g Butter

3 Schalotten, fein gewürfelt

1 Knoblauchzehe, fein gewürfelt

400 g gemischte frische, heimische oder asiatische Pilze (nach Geschmack)

Salz und schwarzer Pfeffer

2 EL trockener Sherry

3 Blatt Gelatine

6 kleine Thymianzweige

1 Getrocknete Steinpilze etwa 30 Minuten in 200 ml warmem Wasser quellen lassen.

2 Schalotten und Knoblauch in einer großen Pfanne in Butter und Öl bei mittlerer Temperatur 5 Minuten glasig schwitzen. Die gemischten Pilze (gegebenenfalls portionsweise) dazugeben und 4–5 Minuten braten, erst zum Schluss salzen und pfeffern. Auf einer Platte beiseite stellen und zum Aufsaugen von überschüssigem Fett mit Küchenpapier abdecken.

3 Steinpilze über einem kleinen Topf abseihen und Sherry zum Pilzwasser geben.

4 Gelatine in einer Schüssel mit kaltem Wasser nach Packungsanweisung quellen lassen, behutsam ausdrücken und in die Pilz-Sherry-Brühe geben. Bei mittlerer Temperatur rühren, bis sich die Gelatine vollständig aufgelöst hat. Topf vom Herd nehmen.

5 Für die Zubereitung der eigentlichen Sülzen die Thymianzweige durch die Brühe ziehen und jeweils in eine kleine Form legen. Sehr große Pilze in Streifen schneiden. Pilze (oder Pilzstücke) ebenfalls einzeln in die Brühe tauchen und dann in die Formen schichten.

6 Die Formen mit der restlichen Brühe bis zum Rand auffüllen. In einen Bräter setzen und für 2 Stunden kalt stellen. Die Sülzen mit einem kleinen, spitzen Messer behutsam vom Rand lösen und stürzen. Zu einem Kräutersalat, begleitet von warmen Melba-Toasts (*siehe* Seite 72), servieren.

SCHMETTERLINGS- WELTEN EN MINIATURE

Im viktorianischen England war es überaus beliebt, Schmetterlinge als Trophäen von Reisen zu fernen Kontinenten in kleinen, der Natur nachempfundenen Kunstwelten zur Schau zu stellen. Gern brachte man auch ausgestopfte exotische Tiere mit. Auf der einen Seite werden präparierte Insekten, Vögel und Säugetiere heute kritisch beäugt, andererseits erzielen sie in Internetauktionen zusehends höhere Preise, und es werden immer weniger solcher „Objekte" angeboten. Sie sind also wohl wieder en vogue! Hier zeige ich Ihnen eine „ökologisch korrekte" Antwort auf diesen Trend.

WAS SIE BRAUCHEN
Glasgefäß in kugeliger oder einer anderen attraktiven Form ✤ Moos und Zweige (aus dem Garten oder dem Wald) ✤ Steckmoos ✤ Porzellanteetasse ✤ kleine Kunstblumen ✤ Schmetterlinge (*siehe* Seite 90–93) ✤ Perlen, Steine, bizarre Knöpfe ... überhaupt alles, was Sie interessant finden ✤ dekorativer Standfuß (ich habe hier einen stattlichen Kerzenhalter verwendet)

SCHRITT 1 Als Erstes in das Glasgefäß etwas Moos legen – es gibt dem Arrangement ein natürliches Erscheinungsbild.

SCHRITT 2 Einige kleine Zweige senkrecht im Moos verankern.

SCHRITT 3 Ein Stück Steckmoos in die Tasse legen. Kunstblumen hineinstecken und zwischen ihnen Schmetterlinge platzieren.

SCHRITT 4 Die Tasse auf das Moos stellen.

SCHRITT 5 Ganz nach Belieben weitere Elemente hinzufügen.

SCHRITT 6 Das Gefäß auf den Sockel oder Standfuß setzen und in der Mitte des Esstischs platzieren.

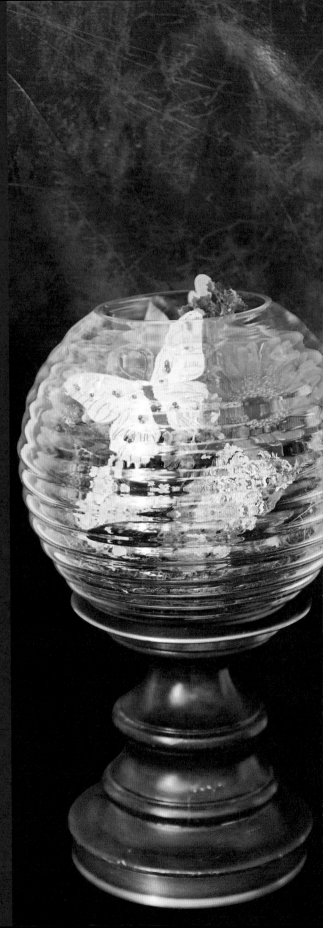

Eine spektakuläre Bereicherung Ihres abendlichen Tea-Party-Büffets und dabei in der Zubereitung gar keine Hexerei! Verwenden Sie die frischesten Früchte, die Sie finden können, und zwar wegen der Optik möglichst in verschiedenen Farben und Größen. Es gibt ja viele verschiedene Zuckersorten, wobei ich hier den üblichen weißen Zucker und dazu die extrafeine Version empfehle. Beide erzeugen jeweils eine etwas unterschiedliche Wirkung. Falls Sie für Ihr Event ein bestimmtes Farbthema gewählt haben, geben sie etwas entsprechende Lebensmittelfarbe in ein Schraubglas mit weißem Zucker, schütteln ihn kräftig, verteilen ihn dann auf einer mit Backpapier ausgelegten Platte und lassen ihn über Nacht trocknen.

gezuckerte FRüCHTe

VORBEREITUNG
30 Minuten,
plus Ruhezeit
6–8 PORTIONEN

2 Eiweiß von Freilandeiern, verquirlt

500 g normaler Zucker

500 g extrafeiner Zucker

gemischte ganze Früchte (möglichst mit Stiel) – wir haben hier
500 g Trauben, 400 g Erdbeeren, 4 Birnen und 8 Äpfel verwendet

1 Die Eiweiße sowie die beiden Zuckersorten in drei separate Schüsseln geben.

2 Eine Frucht am Stiel packen, ins Eiweiß tauchen, den Überschuss abschütteln. Die Frucht anschließend in einer der beiden Zuckersorten wälzen, sodass sie einen gleichmäßigen Überzug erhält, danach auf eine Platte geben. Stück für Stück die übrigen Früchte genauso überziehen und schließlich bei Zimmertemperatur 1 Stunde ruhen lassen, damit die Zuckerkruste fest wird.

3 Um kahle Stellen zu beseitigen oder eine dickere Zuckerkruste zu erhalten, Schritt 2 der Anleitung wiederholen.

4 Die gezuckerten Früchte auf einer Etagere anrichten und als Blickfang in die Mitte des Büffets stellen.

Auf Schokoladenfeigen war Charlie ganz versessen,
und er hat sie auch am Set in rauen Mengen gegessen.
Ob er sich nicht schäme ob dieser Gelüste?
Wieso?, war seine Antwort, es sind doch nur Früchte.

CHARLIES SCHOKOLADENFEIGEN MIT MEERSALZFLOCKEN

VORBEREITUNG
10 Minuten,
plus Zeit zum
Kühlen

12 STÜCK

12 kleine, reife Feigen

150 g Bitterschokolade

Meersalzflocken zum Bestreuen

1 Die Stiele der Feigen sauber beschneiden, aber nicht ganz entfernen. Denn sie werden noch als Griff gebraucht, wenn die Früchte ihre Schokoumhüllung erhalten.

2 Eine Schüssel so in einen Topf mit ganz leise simmerndem Wasser einhängen, dass der Boden nicht eintaucht. Die Schokolade in Stücke brechen, in die Schüssel geben und schmelzen. Vom Herd nehmen.

3 Die Feigen einzeln senkrecht so in die flüssige Schokolade tauchen, dass sie zu drei Vierteln überzogen werden, dabei die Stiele als Griff verwenden. Auf eine mit Backpapier ausgelegte Platte geben.

4 Solange der Schokoladenüberzeug noch nicht getrocknet ist, Meersalzflocken aufstreuen. Die Schokolade **30** Minuten an einem kühlen Platz fest werden lassen.

Birnen und Karamell sind an sich schon ein Traumpaar. In Kombination mit knusprigem Teig wird daraus eine exquisite Süßspeise, die sich bei jeder Tea Party ganz ausgezeichnet macht. Als Kontrast biete ich dazu gern eine gute Vanilleeiscreme an. Am schönsten sieht das Ganze aus, wenn man eine Birnensorte mit langer, schlanker Form wählt, zum Beispiel Conference.

BIRNEN IM SCHLAFROCK MIT KARAMELLGLASUR

VORBEREITUNG
30 Minuten
KOCHZEIT
45–55 Minuten
6 PORTIONEN

350 g Mehl

2 TL Backpulver

1 TL Salz

225 g festes Pflanzenfett

225 ml Milch

6 reife Birnen, geschält, aber der Stiel nicht entfernt

40 g brauner Zucker

1 TL gemahlener Zimt

70 g Macadamianüsse, grob gehackt

15 g Butter plus etwas mehr zum Belegen der Birnen

Für die Karamellglasur

100 g dunkelbrauner Zucker

2 EL Wasser

10 g Butter

1 Den Backofen auf **190°C** vorheizen. Ein Backblech dünn mit Butter einstreichen. Mehl, Backpulver und Salz in einer Schüssel vermengen. Das Pflanzenfett in Flocken hinzufügen und alles mit den Fingerspitzen zu einem feinkrümeligen Teig vermischen. Langsam die Milch einrühren bis sich ein weicher Teig ergibt. Auf einer bemehlten Arbeitsfläche zu einem Rechteck von etwa **45 x 30** cm ausrollen. Mit einem scharfen Messer in sechs gleich große Quadrate schneiden.

2 Die Birnen von unten vorsichtig aushöhlen. Fruchtwand und Stiel sollten dabei heil bleiben.

3 Zucker, Zimt, Nüsse und **15 g** Butter vermengen. In jede Birne 2 TL der Masse fest hineindrücken.

Birnen jeweils auf ein Teigquadrat stellen und mit Butterflöckchen belegen. Teigblätter auf der Oberseite mit Wasser bestreichen, dann die vier Teigzipfel um die Früchte herumlegen und die Kanten zusammendrücken – die Spitze der Birnen sollte noch herausschauen. Birnen auf das Blech stellen und **40–50** Minuten backen, nach **30** Minuten mit Alufolie abdecken.

4 Für die Glasur Zucker und Wasser in einem Topf auf kleiner Stufe erhitzen. Sobald sich der Zucker gelöst hat, die Temperatur erhöhen und etwa **3** Minuten reduzieren. Vom Herd nehmen und die Butter einrühren, bis sie geschmolzen ist. Die Birnen vor dem Servieren mit Glasur beträufeln.

Der französische Küchenchef Marie-Antoine Carême erfand die Charlotte Russe Anfang des 19. Jahrhunderts zu Ehren seines russischen Arbeitgebers. Jedes Mal, wenn ich die Süßspeise zubereite, regt sich in mir leichter Neid, weil es kein Dessert gibt, das nach mir benannt ist. Löffelbiskuits, Sahne und Früchte bilden die Grundzutaten, und mit ihnen können Sie beliebig herumspielen, sobald Sie das Rezept beherrschen. Geschmacklich und auch farblich spricht mich diese Version besonders an.

CHARLOTTE RUSSE MIT ERDBEEREN UND HIMBEEREN

VORBEREITUNG
20 Minuten,
plus Zeit zum
Quellen und
zum Kühlen
6 PORTIONEN

6 Blatt Gelatine

750 g Erdbeeren, geputzt

250 g Himbeeren

60 g extrafeiner Zucker

75 g Schlagsahne

250 g Löffelbiskuits

1 Gelatine in einer Schüssel mit Wasser 10 Minuten quellen lassen. Abseihen, ausdrücken und beiseite stellen.

2 Einige makellose Beeren zum Dekorieren beiseitelegen, die übrigen im Mixer pürieren. Das Püree durch ein Sieb streichen. In einem Topf ein Viertel des Fruchtpürees mit dem Zucker bei mittlerer Temperatur erhitzen und rühren, bis sich der Zucker gelöst hat. Die Gelatine einrühren. Restliches Fruchtpüree und zuletzt die Sahne unterziehen. Die Mischung darf nicht aufkochen. Sobald sich die Gelatine aufgelöst hat, vom Herd nehmen.

3 Den Boden einer Souffléform mit Löffelbiskuits auslegen. Anschließend entlang dem Rand Löffelbiskuits senkrecht aneinanderreihen. Die Fruchtcreme in die Mitte gießen und mit den restlichen Löffelbiskuits bedecken.

4 Mit Frischhaltefolie abdecken und für 4 Stunden in den Kühlschrank stellen. Vor dem Servieren einige Sekunden lang warmes Wasser über den Boden der Form laufen lassen. Die Charlotte auf eine Platte stürzen, mit den ganzen Beeren dekorieren und kalt servieren.

Unbedingt sollten Sie tagsüber ein paar Laufrunden ums Haus absolvieren, bevor Sie sich später diese buttrig-süße und würzige Lebkuchenköstlichkeit mit dem nicht minder üppigen Sahnehäubchen genehmigen. Den Weinbrand lassen Sie für eine teenagertaugliche Variante besser weg.

LEBKUCHENPUDDING MIT EIERLIKÖRSAHNE

VORBEREITUNG
15–20 Minuten
BACKZEIT
40–55 Minuten
6 PORTIONEN

115 g weiche Butter plus etwas für die Form

gut 250 g Mehl

1½ TL Speisenatron

1½ TL gemahlener Ingwer

1 TL gemahlener Zimt

½ TL gemahlener Piment

½ TL geriebene Muskatnuss

½ TL Salz

115 g feiner brauner Zucker

1 Freilandei

325 g Melasse oder Rübensirup

250 ml Wasser

55 g Muscovado-Zucker

Für den Guss

350 ml heißes Wasser

115 g Butter, zerlassen

Für die Eierlikörsahne

150 g Crème double

50 ml Eierlikör

1 kräftiger Schuss Weinbrand (nach Belieben)

1 Den Backofen auf **170°C** vorheizen. Eine Backform (33 x 23 cm) fetten und mit Backpapier auskleiden.

2 Das Mehl, das Natron, die Gewürze und das Salz in eine mittelgroße Schüssel sieben. In einer großen Schüssel die weiche Butter und den braunen Zucker mit einem elektrischen Handrührgerät bei mittlerer Geschwindigkeit cremig schlagen. Das Ei gründlich einrühren. Nun bei niedriger Geschwindigkeit einen kleinen Teil der Mehlmischung, dann etwas Melasse und danach ein wenig Wasser einrühren. Auf diese Weise fortfahren, bis die genannten Zutaten komplett eingearbeitet sind. Die Masse in die vorbereitete Form gießen, mit dem Muscovado-Zucker bestreuen und beiseite stellen.

3 Für den Guss in einer Schüssel das heiße Wasser mit der zerlassenen Butter verrühren und die Leb-kuchenmasse damit übergießen. In den Backofen schieben und für **40–55** Minuten backen, bis sich auf der Oberfläche Risse zeigen und ein in der Mitte hineingestochenes Holzstäbchen sauber heraus-kommt.

4 Inzwischen für die Eierlikörsahne die Crème double schlagen, bis beim Herausziehen des Schnee-besens weiche Spitzen stehen bleiben. Den Eierlikör zunächst mit **1** Schuss Weinbrand verrühren, bevor Sie ihn dann unter die Sahne ziehen. Den Pudding noch warm mit der beschwipsten Mischung ser-vieren.

Diese Pyramide aus Windbeutelchen darf in Frankreich traditionsgemäß bei keinem größeren Fest fehlen. Ihr Name, übersetzt „kracht im Mund", rührt daher, dass Croquembouche früher häufig mit gesponnenem Zucker und gebrannten Nüssen dekoriert wurde.

CROQUEMBOUCHE MIT WEIßER UND DUNKLER CREME

VORBEREITUNG
2 Stunden
KOCHZEIT
60 Minuten
60 PORTIONEN

Für den Teig

140 g Butter

250 ml Wasser

150 g Mehl, gesiebt

4 Freilandeier, verquirlt

Für die Füllung

1200 g Crème double

150 g Puderzucker

20 g Kakaopulver

Für den Karamell

600 ml Wasser

450 g extrafeiner Zucker

1 Den Backofen auf 220°C vorheizen und zwei Backbleche mit Backpapier auslegen.

2 Für den Teig das Wasser mit der Butter in einem Topf bei mittlerer Temperatur erhitzen, bis es kocht und die Butter geschmolzen ist. Das Mehl auf einmal hineinschütten und 2 Minuten kontinuierlich mit einem Holzlöffel rühren, bis sich die Masse vom Topfrand löst und zu einem Kloß ballt. Den Teig in eine große Schüssel geben und noch 1 Minute rühren, um ihn abzukühlen. Das verquirlte Ei in kleinen Portionen jeweils gründlich einrühren. Teig in einen Spritzbeutel mit Sterntülle füllen und 2,5 cm große Rosetten mit ausreichend Abstand auf die Bleche spritzen. Nacheinander jeweils 25 Minuten backen, bis sie aufgegangen und goldbraun sind.

3 Für die Füllung die Crème double und den Puderzucker in einer großen Schüssel schlagen, bis beim Herausziehen des Schneebesens weiche Spitzen stehen bleiben. In zwei gleich große Portionen teilen. Mit einem Holzlöffel unter die eine Portion das Kakaopulver ziehen.

4 Die kleinen Windbeutel unten mit einem spitzen Messer leicht einstechen. Dunkle und helle Creme nacheinander mit dem Spritzbeutel mit runder Tülle in jeweils die Hälfte der Windbeutel füllen.

5 Für den Karamell in einem Topf mit schwerem Boden die Hälfte des Wassers mit dem Zucker auf mittlerer Stufe ohne Rühren erhitzen, aber nicht aufkochen lassen. Wenn sich der Zucker gelöst hat, die Mischung kochen, bis sie einen Karamellton annimmt. Das restliche Wasser dazugießen und gleichmäßig einrühren. .Vom Herd nehmen und abkühlen lassen.

6 Einen Kegel aus Karton in die Mitte einer großen Platte setzen. Die Windbeutel einen nach dem anderen in den Karamell tauchen und von unten nach oben Reihe um Reihe aufbauen, bis die Spitze erreicht ist. Der Karamell soll nur die Windbeutel wie ein Kleber miteinander verbinden (sie sollen aber nicht an der Platte oder dem Karton kleben). Die Pyramide mit dem restlichen Karamell beträufeln und nach Belieben dekorieren.

Allein der verlockende Kokosduft, der aus dem Ofen dringt, ist für mich Grund genug, diese schmelzigen Makronen zu backen. Eine leckere Knabberei und eine Zierde für jeden Tea-Party-Buffet! Schokolade und Kokosnuss bestimmen hier den Geschmack und sollten daher von bester Qualität sein. Verwenden Sie Schokolade mit einem Kakaoanteil von mindestens 70%. Als Ersatz für frische Kokosnuss tun es notfalls auch fertige Kokosraspel.

SCHOKO-KOKOS-MAKRONEN

VORBEREITUNG
25 Minuten plus
Zeit zum Auskühlen
und Aushärten
BACKZEIT
15–18 Minuten
24 STÜCK

Eiweiß von **1** Freilandei

200 g extrafeiner Zucker

30 g Mehl

20 g Kakaopulver

200 g frische Kokosnuss, grob geraspelt

100 g Bitterschokolade, in Stücke gebrochen

100 g weiße Schokolade, in Stücke gebrochen

1 Den Backofen auf **180°**C vorheizen und zwei Bleche mit Backpapier auslegen. In einer sauberen Schüssel das Eiweiß mit einem Schneebesen steif schlagen. Nach und nach den Zucker dazugeben und kontinuierlich weiter schlagen, bis ein dicker, glänzender Eischnee entstanden ist. Das Mehl zusammen mit dem Kakaopulver und den Kokosraspeln gleichmäßig unterziehen.

2 Die Masse esslöffelweise auf die vorbereiteten Bleche geben (je zwölf Häufchen pro Blech) und dabei, damit die Makronen gleichmäßig rund geraten, einen **8** cm großen Plätzchenausstecher als Formgeber verwenden. Die Makronen **15–18** Minuten backen, bis sie am Rand goldgelb und oben ganz zart gebräunt sind. Etwas abkühlen und dann auf einem Drahtgitter völlig auskühlen lassen.

3 Eine Schüssel in einen Topf mit ganz leise sprudelndem Wasser so einhängen, dass der Boden nicht eintaucht. Die Bitterschokolade darin schmelzen, vom Herd nehmen und leicht abkühlen lassen. In einen Gefrier- oder Einwegspritzbeutel füllen, unten eine ganz kleine Spitze abschneiden, und mit dem Beutel ein feines Linienmuster aus Schokolade auf die Hälfte der Makronen zeichnen. Mit der weißen Schokolade und den restlichen Makronen (sowie einem neuen Spritz- oder Gefrierbeutel) genauso verfahren. Die Schokolade **20** Minuten aushärten lassen. Fest verschlossen aufbewahrt, bleiben die Makronen **2** Tage frisch.

Diese Süßspeise ist ratzfatz zubereitet – manchmal bin ich fast versucht, mich bei meinen Gästen dafür zu entschuldigen, dass ich mich so wenig für sie ins Zeug gelegt habe. Aber sie schmeckt wundervoll, vor allem mit den würzigen Walnüssen. Von ihnen werden welche übrig bleiben, was aber kein Problem ist, denn sie finden als Knabberei bestimmt dankbare Abnehmer. Das Zusammenspiel von den knackigen, leicht pikanten Nüssen und der sanft schmeichelnden Creme ist für mich ein besonderer Genuss, und für Sie hoffentlich auch.

ORANGENCREME MIT PIKANTEN NÜSSEN

Für die Orangencreme

575 g Crème double

100 g extrafeiner Zucker

100 ml Orangensaft

50 ml Zitronensaft

2 EL Orangenlikör (nach Belieben)

Für die pikanten Nüsse

1 EL Honig

2 TL Olivenöl

200 g Walnusshälften

½ TL grobes Salz

1 TL gemahlener Kreuzkümmel

2 EL Zucker

½ TL gemahlener Piment

½ TL gemahlener Zimt

Msp Cayennepfeffer

VORBEREITUNG
25 Minuten
plus Kühlzeit
KOCHZEIT
10 Minuten
4 PORTIONEN

1 In einem kleinen Topf die Crème double mit dem Zucker unter Rühren sanft erwärmen, bis sich der Zucker gelöst hat. Etwa 3 Minuten köcheln lassen, dabei ständig rühren. Aufpassen, dass die Mischung nicht überkocht!

2 Vom Herd nehmen. Fruchtsäfte und Likör, falls gewünscht, einrühren. 5 Minuten abkühlen lassen (besonders wichtig, wenn die Creme anschließend in empfindliche Gläser gefüllt wird). In Gefäße nach Wahl gießen und vor dem Servieren für mindestens 4 Stunden in den Kühlschrank stellen.

3 Für die pikanten Nüsse ein Backblech mit Alufolie auslegen. Honig, Olivenöl und 1 El Wasser in einer großen, beschichteten Pfanne bei mittlerer Temperatur erhitzen und rühren, bis die Zutaten gleichmäßig vermischt sind. Die Nüsse dazugeben und gut durchmischen, sodass sie einen gleichmäßigen Überzug erhalten.

4 Salz, Zucker und Gewürze über die Nüsse streuen und gründlich unterziehen. Bei mittlerer Temperatur weitere 4–5 Minuten unablässig rühren, bis die Nüsse zart gebräunt sind.

5 Die Nüsse auf dem vorbereiteten Blech locker verteilen und völlig auskühlen lassen. Auf jede Cremeportion 2–3 Nüsse geben. Die übrigen in einen dicht schließenden Behälter füllen.

Wieso dieser Eisbecher de luxe heißt, wollen Sie wissen? Schon deshalb, weil das Sorbet aus gutem Rotwein bereitet wird. Die Brombeeren unterstreichen die fruchtige Note des Weins und sorgen für eine schöne Färbung. Echter Luxus sind aber auch die Servierschalen aus dunkler Schokolade, die man mitessen kann (also hinterher kein Abwasch!). Wenn Sie die Herstellung solcher Schokobecher erst einmal beherrschen, können Sie sie bei Partys für Groß und Klein ganz nach Lust und Laune einsetzen.

SCHOKO-EISBECHER DE LUXE

VORBEREITUNG
40 Minuten plus Zeit zum Kühlen, und Gefrieren

6 PORTIONEN

Eiweiß von 1 Freilandei

225 g Brombeeren

225 ml Wasser

115 g extrafeiner Zucker

175 ml Cabernet Sauvignon oder ein anderer kräftiger Rotwein

2 TL Zitronensaft

frische Kumquats zum Dekorieren

Für die Schokobecher

150 g Bitterschokolade

6 gewöhnliche Luftballons

1 Das Eiweiß mit einem elektrischen Handrührgerät zu steifem Schnee schlagen. Beiseite stellen.

2 Brombeeren, Wasser, Zucker, Wein und Zitronensaft mit einem Stabmixer glatt pürieren. Das Püree in eine Schüssel füllen und den Eischnee unterziehen. Mit Frischhaltefolie abdecken und für etwa 30 Minuten kalt stellen.

3 Die Sorbetmischung in die laufende Eismaschine gießen und durchrühren, bis die richtige Konsistenz erreicht ist: fest und doch löffelweich. Anschließend ins Gefrierfach geben.

4 Für die Herstellung der Schokobecher eine Schüssel in einen Topf mit ganz leise sprudelndem Wasser so einhängen, dass der Boden nicht eintaucht. Die Schokolade in Stücke brechen und darin schmelzen.

Die Luftballons zu etwa einem Viertel aufblasen und fest zuknoten. Gründlich waschen und an der Luft trocknen lassen.

5 Ein Backblech mit Backpapier auslegen. Die Ballons nacheinander am Knoten greifen und etwa bis auf halbe Höhe in die flüssige Schokolade tauchen. Auf das Backblech legen und in den Kühlschrank geben, bis die Schokolade nach 10–15 Minuten erstarrt ist.

6 Die Ballons mit einer Nadel vorsichtig einstechen, und zwar am zugeknoteten Ende, damit die Luft nur langsam entweicht und so die Schalen dabei nicht zerbrechen. Die Ballons entfernen. Das Sorbet in den Bechern anrichten, mit Kumquats dekorieren und sofort servieren.

Schokoholiker kommen bei diesem Sorbet voll auf ihre Kosten. Denn da keinerlei Milchprodukt enthalten sind, kommt bei diesem sinnlichen Genuss nicht nur der Schokoladengeschmack ganz intensiv und unverfälscht zur Geltung, auch die Flavonoide können so ihre antioxidative Wirkung entfalten. Und schließlich hilft Bitterschokolade auch noch, Endorphine (Glückshormone) freizusetzen. Also her mit dem Löffel!

SORBET VON BITTERSCHOKOLADE

VORBEREITUNG
20 Minuten
plus Zeit
zum Kühlen,
und Gefrieren
4–6 SERVES

500 ml heißes Wasser

200 g extrafeiner Zucker

200 g Bitterschokolade (mindestens
70% Kakaoanteil), klein gehackt

1 Prise Salz

2 EL Kaffeelikör (nach Belieben)

1 Das Wasser mit dem Zucker in einem großen Topf auf hoher Stufe zum Kochen bringen und dabei rühren, bis sich der Zucker gelöst hat. Die Schokolade dazugeben, den Herd abschalten und energisch rühren, bis die Schokolade geschmolzen und eine seidenglatte Mischung entstanden ist, in die man am liebsten eintauchen möchte. Salz und Kaffeelikör, falls gewünscht, einrühren. Das Ganze abkühlen lassen.

2 Die Sorbetmischung für 2 Stunden kalt stellen. Danach in der Eismaschine durchrühren, bis die richtige Konsistenz erreicht ist – ein Sorbet soll fest und löffelweich zugleich sein – und schließlich ins Gefrierfach geben. Falls Sie keine Eismaschine besitzen, die Sorbetmischung in einem flachen, mit Deckel oder Frischhaltefolie verschlossenen Gefäß 1 Stunde anfrieren lassen. Herausnehmen, kurz durchmixen, danach wieder anfrieren lassen und nach 1 Stunde durchmixen. Diese beiden Schritte noch mindestens einmal wiederholen (je öfter, desto feiner sind am Ende die Eiskristalle). Das Sorbet zuletzt vollständig gefrieren lassen. Es gerät bei dieser Methode zwar nicht so geschmeidig wie in der Eismaschine, schmeckt aber trotzdem sensationell.

3 Da das Sorbet beim endgültigen Gefrieren ziemlich hart wird, vor dem Servieren 5–10 Minuten antauen lassen.

Eine Granita ist so etwas wie ein Sorbet mit größeren Eiskristallen. Die Zubereitung ist leicht, und man kann dabei verschiedenste Geschmacksrichtungen wählen. Ich mag die Kombination von Zitrone und Limette. Gerade nach einem opulenten Essen habe ich oft nur noch Lust auf etwas Sauersüßes, Frisches und Leichtes. Ich gebe gern fein gehackte Basilikum- oder Minzeblätter in die Mischung, und zwar nicht nur wegen des Aromas. Die grünen Stückchen sehen zwischen den schneeig weißen Eisklümpchen einfach toll aus.

ZITRONEN-LIMETTEN-GRANITA

VORBEREITUNG
20 Minuten plus
Zeit zum Kühlen
und Gefrieren

KOCHZEIT
10 Minuten

4 SERVES

200 g extrafeiner Zucker

275 ml kaltes Wasser

Saft von 4 Zitronen, Schale von 2 unbehandelten Zitronen

Saft von 5 Limetten, Schale von 2 unbehandelten Limetten

1 Handvoll Basilikum- oder Minzeblätter,
fein gehackt (nach Belieben)

1 Zucker und Wasser mit der Zitronen- und Limettenschale in einen großen Topf geben und bei niedriger Temperatur langsam zum Köcheln bringen: Rühren, bis sich der Zucker gelöst hat. Vom Herd nehmen und leicht abkühlen lassen.

2 Zitronen- und Limettensaft in den Sirup einrühren. Den Sirup durch ein Sieb seihen. Basilikum oder Minze, falls verwendet, gleichmäßig einrühren. Die Mischung in ein flaches Gefäß gießen, mit einem Deckel oder Frischhaltefolie verschließen und ins Gefrierfach stellen.

3 Nach **1** Stunde die angefrorene Masse mit einer Gabel durchrühren – Eiskristalle nicht zu fein zerdrücken, typisch für eine Granita ist die körnige Konsistenz. Noch zweimal wie zuvor je **1** Stunde gefrieren lassen und mit der Gabel auflockern. Die fertige Granita kann **3–4** Stunden im Gefrierfach aufbewahrt werden. Danach wird sie ziemlich hart, was sich aber wie folgt korrigieren lässt: Etwa **30** Minuten vor dem Servieren in den Kühlschrank stellen und, wenn sie etwas weicher geworden ist, nochmals mit der Gabel grob durchmischen.

Einer Legende nach ist Bloody Mary eine Hexe, die man herbeirufen kann, indem man sich vor einen Spiegel stellt und dreimal ihren Namen ausspricht. Wir haben ihr nicht nur zahlreiche Filme, Computerspiele und Fernsehsendungen zu verdanken, sondern dazu auch diesen ebenso berühmten wie berüchtigten Cocktail. Erheben wir also unsere Gläser und toasten wir auf sie: „Bloody Mary sei Dank, Bloody Mary sei Dank, Bloody Mary sei Dank!"

BLOODY MARY SHOTS

VORBEREITUNG
20 Minuten
6 PORTIONEN

½ Schalotte, grob gehackt

1 EL frisch geriebener Meerrettich

2 Stangen Sellerie, geputzt, davon 1 grob gehackt

200 g Tomaten, gehackt

¼ TL Selleriesalz plus 2 EL zum Dekorieren der Gläser

1½ EL Worcestershiresauce

½–1 TL Tabasco

¼ TL schwarzer Pfeffer, gemahlen

Saft von ½ Zitrone (die andere Hälfte zum Befeuchten der Glasränder beiseite legen)

500 ml Tomatensaft

4 EL Wodka

1 EL Amontillado oder ein anderer trockener Sherry

1 Schalotte, Meerrettich, gehackten Sellerie und Tomaten mit Selleriesalz, Worcestershiresauce, Tabasco, schwarzem Pfeffer und Zitronensaft in den Mixer geben. Glatt pürieren und die Mischung durch ein Sieb streichen. Tomatensaft, Wodka und Sherry untermischen.

2 Unmittelbar vor dem Servieren den Rand von sechs kleinen Gläsern mit der reservierten Zitronenhälfte befeuchten. Das Selleriesalz auf eine Untertasse geben und die Gläser umgedreht nacheinander hineindrücken, sodass ihre Ränder einen gleichmäßigen Überzug erhalten. Die Bloody Mary in die Gläser füllen. Die übrige Selleriestange, längs halbieren und die Hälften jeweils in drei gleich lange Abschnitte teilen – das Messer dabei schräg ansetzen. In jedes Glas einen Sellerie-Stick zum Umrühren und Knabbern geben.

Im Cockney-Dialekt wird oft ein Wort durch ein Reimpaar ersetzt. So sagt man statt „tea" eben Rosie Lee. „Oh, bitte mach mir doch eine Tasse Rosie, Gran!" (Wie es der Zufall will, heißt meine Granny mit Nachnamen Lee und ist noch dazu in Londons East End geboren, also eine echte Cockney.) Es tut dem dekadenten Charme dieses Drinks keinen Abbruch, wenn Sie für eine alkoholfreie Version Wodka und Schampus durch Tonic Water ersetzen.

Rosie Lee Loves Her Tea

VORBEREITUNG
5 Minuten
plus Zieh- und
Kühlzeit

6 PORTIONEN

6 EL loser Rosenblütentee

300 ml sprudelnd kochendes Wasser

etwa 100 g extrafeiner Zucker (nach Geschmack)

100 ml Wodka, gekühlt

1 Flasche Champagner oder weißer Sekt, gekühlt

Eiswürfel

essbare Rosenblütenblätter zum Dekorieren

1 Den Rosenblütentee auf zwei Papierteefilter verteilen. In einem Messbecher mit dem Wasser übergießen und **8** Minuten ziehen lassen. Zucker einrühren, bis er sich gelöst hat, und die Teefilter herausnehmen. (Alternativ den losen Tee aufbrühen und zuletzt abseihen.) Den Tee für **30** Minuten kalt stellen.

2 Wodka und Schampus (oder **850** ml Tonic Water) dazugießen. Umrühren und den Drink in sechs Teetassen füllen. Eiswürfel hineingeben.

3 Mit je **1** Rosenblütenblatt dekorieren und dann sofort servieren.

Als der grüne Tee in Großbritannien aufkam, fand er gleich großen Anklang. Bei meinen Partys fragt immerhin jeder vierte Gast danach, und deshalb gehört er auch grundsätzlich zu meinem Getränkeangebot. Er schmeckt leichter und erdiger als schwarzer Tee, und wenn man vier Tassen täglich trinkt, erfreut man sich angeblich einer besseren Gesundheit und eines längeren Lebens. Vielleicht wird man von seinem Genuss auch reich, wer weiß. So gesehen, können Sie meinen köstlichen, grasgrünen Grüntee-und-Birnen-Cocktail guten Gewissens genießen.

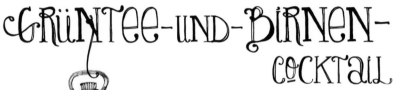

GRÜNTEE-UND-BIRNEN-COCKTAIL

VORBEREITUNG
5 Minuten
plus Zieh- und
Kühlzeit

6 PORTIONEN

12 Beutel grüner Tee

300 ml aufgekochtes Wasser, auf **80°C** abgekühlt

etwa **100** g extrafeiner Zucker (nach Geschmack)

100 ml Wodka

850 ml Birnensaft (oder eine Mischung aus
Birnen-, Apfel- und Traubensaft)

Eiswürfel

Zesten von 1 unbehandelten Limette zum Dekorieren

1 Die Teebeutel in einem Messbecher mit dem kochenden Wasser übergießen und **3** Minuten ziehen lassen. Zucker einrühren, bis er sich gelöst hat, und die Teebeutel herausnehmen. Den Tee für **30** Minuten kalt stellen.

2 Wodka und Fruchtsaft dazugießen. Umrühren und den Cocktail in sechs Teetassen füllen. Eiswürfel hineingeben.

3 Mit Limettenzesten dekorieren und dann sofort servieren.

Bei diesem eleganten Cocktail kommt mir immer „Der kleine Horrorladen" in den Sinn. Ich stelle mir vor, wie ich eine der wilden Hibiskusblüten einpflanze und daraus dann Audrey II hervorgeht. Damit wäre wohl eine interessante Party garantiert. Wilde Hibiskusblüten in Sirup sind über das Internet leicht zu bekommen und sehr lange haltbar. Sie haben einen köstlich fruchtigen Geschmack, und die sanft durchperlten Blüten sind wunderbar saftig, wie dicke Kirschen.

WILDER HIBISKUS CHAMPAGNER

VORBEREITUNG
1 Minute
6 PORTIONEN

6 wilde Hibiskusblüten in Sirup
1 Flasche Champagner
oder weißer Sekt, gekühlt

1 In einzelne Gläser jeweils 1 Hibiskusblüte und 1 TL des Sirups geben. Wenn die Party beginnt, mit dem gekühlten Schampus aufgießen.

2 Sofort servieren – und dann einfach nur noch die Komplimente verzückt lächelnder Gäste für einen so ausgefallenen Drink entgegennehmen!

Es wurde mir öfters vorgehalten, meine Drinks seien ein bisschen zu feminin. Natürlich widerspreche ich dem entschieden, denn viele männliche Partygäste lieben meinen Lavendelperlen-Cocktail! Aber der Kunde ist König, und so biete ich nun auf Wunsch dieses „Herrengetränk" an. Die heiße Version kippen sich gestandene Seebären gern hinter die Binde. Dann will ich mal in die Kombüse gehen und Wasser aufsetzen.

TEE MIT SCHUSS

VORBEREITUNG
5 Minuten
plus Zieh- und
Kühlzeit
6 PORTIONEN

6 Beutel English Breakfast Tea

300 ml sprudelnd kochendes Wasser

etwa *85* g extrafeiner Zucker
(nach Geschmack)

100 ml dunkler Rum

Schale von 1 unbehandelten
Orange zum Dekorieren

1 Die Teebeutel in einem Messbecher mit dem kochenden Wasser übergießen und **4** Minuten ziehen lassen. Zucker einrühren, bis er sich gelöst hat, und die Teebeutel herausnehmen. Den Tee für **30** Minuten kalt stellen.

2 Rum dazugießen, umrühren und den Drink in sechs Teetassen füllen.

3 Mit Orangenschale dekorieren und dann sofort servieren.

Als ich einmal an einem sehr heißen Tag eine Kinder-Tea-Party veranstaltete, improvisierte ich als Erfrischung einen geeisten grünen Jasmintee, in den ich, damit er lustiger aussah, noch Beeren gab. Die Kinder waren sofort begeistert, ich kam mit dem Nachschub fast nicht hinterher. Im weiteren Verlauf der Party öffneten die Erwachsenen eine Flasche Champagner, mit dem wir unseren kalten Tee noch veredelten. Damit war eine unserer besonderen Spezialitäten geboren.

PRICKELNDER JASMINTee

VORBEREITUNG
5 Minuten
plus Zieh- und
Kühlzeit

5 PORTIONEN ohne
Alkohol, 10 mit
Alkohol

5 Beutel oder 5 EL loser grüner Jasmintee

200 ml aufgekochtes Wasser, auf 80°C abgekühlt

etwa 3 EL extrafeiner Zucker (nach Geschmack)

500 ml kaltes Wasser

1 Handvoll Himbeeren und Brombeeren (nach Belieben)

1 Flasche guter Champagner, gekühlt (nach Belieben)

1 Teebeutel oder losen Tee in einem Messbecher mit dem heißen Wasser übergießen und **1** Minute ziehen lassen. Zucker einrühren, bis er sich gelöst hat. Die Teebeutel herausnehmen oder den Tee abseihen. Das kalte Wasser dazugießen.

2 Den Tee probieren und, falls er zu stark ist, mit etwas mehr kaltem Wasser verdünnen. Für **30** Minuten kalt stellen. (Schneller lässt er sich durch Zugabe einiger Eiswürfel kühlen.)

3 In nostalgischen Teetassen servieren. Nach Belieben vor dem Ausschenken als Farbtupfer einige Beeren in die Tassen geben. Für die alkoholische Variante einfach die Tassen zur Hälfte mit Tee füllen und dann mit Schampus aufgießen.

OUR FAMOUS RECIPE FOR TeanaColada

VORBEREITUNG
10 Minuten plus
Zieh- und
Kühlzeit
4 PORTIONEN

12 Beutel schwarzer Tee
300 ml sprudelnd kochendes Wasser
50 g extrafeiner Zucker
400 ml Kokosmilch aus der Dose
100 ml dunkler Rum
Eiswürfel

1 Die Teebeutel in einem Messbecher mit dem Wasser übergießen und **4** Minuten ziehen lassen. Zucker einrühren, bis er sich gelöst hat, und die Teebeutel herausnehmen. Den Tee für **30** Minuten kalt stellen.

2 Kokosmilch in einen Krug füllen und gründlich umrühren. Abgekühlten Tee und Rum mit Eiswürfeln in einen Cocktailshaker geben und **5–10** Sekunden kräftig schütteln. Zur Kokosmilch gießen und kurz mit einem Pürierstab durchmixen.

3 Den Cocktail in vier Gläser füllen. Eiswürfel dazugeben.

4 Jeweils mit einem Eisschirmchen und Nostalgie-Rührstäbchen dekorieren und sofort servieren.

G and T, ... ent wird, wurde in der
Armee der ... hundert tranken
die Briten, w...rend ... weil das
enthaltene Chinin vor ... ...tere
Chiningeschmack gut i...
beliebt, wobei der Chin...
geringer ist. Meine Vers...
gehalten, damit der Wachol...
zu ihren Favoriten gehört, soll...
Denn Wodka verträgt sich ebenf...

G and Tea mit Safran-Fäden

VORBEREITUNG
5 Minuten
plus Zeit zum
Kühlen
8 PORTIONEN

6 Beutel Earl Grey

200 ml sprudelnd kochendes Wasser

etwa 50 g extrafeiner Zucker (nach Geschmack)

200 ml Gin

Saft von 1½ Zitronen

zerstoßenes Eis

einige Safranfäden zum Dekorieren (nach Belieben)

1 Die Teebeutel in einem Messbecher mit dem kochenden Wasser übergießen und **4** Minuten ziehen lassen. Zucker einrühren, bis er sich gelöst hat, und die Teebeutel herausnehmen.

2 Den Tee mit kaltem Wasser auf **500** ml ergänzen und für **1** Stunde kalt stellen (auch länger, wenn es die Zeit erlaubt).

3 Aus dem Kühlschrank nehmen. Gin, Zitronensaft und Eis einrühren.

4 In Teetassen oder kleine Gläser füllen. Nach Belieben als edles Extra auf jede Portion einige Safranfäden streuen.

Perlen gelten als besonders kostbar, wenn sie nicht in Süßwasser gewachsen sind, sondern dem Meer entstammen. Vollendet rund, glatt und mit lebhaftem Glanz – so sieht die perfekte Perle aus. Und genau so präsentiert sich auch mein Cocktail. Bereiten Sie ihn aus den hochwertigsten Zutaten, die Ihr Budget erlaubt, und genießen Sie dann den zarten Lavendelschimmer im Mondlicht, den feinen Duft und exquisiten Geschmack.

Lavendelperle

VORBEREITUNG
10 Minuten plus
Zieh- und
Kühlzeit
4 PORTIONEN

2 EL loser weißer Tee

1 EL Lavendelblüten

150 ml sprudelnd kochendes Wasser

etwa 70 g extrafeiner Zucker (nach Geschmack)

100 ml Wodka

Eiswürfel

100 ml Prosecco, gekühlt

1 Den weißen Tee und die Lavendelblüten in einen Papierteefilter füllen. In einem Messbecher mit dem Wasser übergießen und 4 Minuten ziehen lassen. Zucker einrühren, bis er sich gelöst hat, und den Teefilter herausnehmen. (Alternativ weißen Tee und Lavendelblüten einfach so aufbrühen und zuletzt abseihen.) Für **30** Minuten kalt stellen.

2 Tee und Wodka mit Eiswürfeln in einen Cocktailshaker geben und **5–10** Sekunden schütteln.

3 Durch ein Sieb in vier Gläser gießen. Mit dem Prosecco auffüllen.

GESELLSCHAFTSSPIELE

Gemeinsames Spielen erzeugt eine ausgelassene, gesellige Stimmung, und während das Spielfieber um sich greift, fallen die Probleme und Sorgen des Alltags von uns ab. Gesellschaftsspiele sind daher ein wunderbarer Programmpunkt für eine Tea Party. Nachfolgend einige meiner Favoriten:

Mode-Ratespiel

Bitten Sie die Eingeladenen, zu Ihrer Party mit einem Vintage-Kleidungsstück zu erscheinen. Im Vorfeld sollten alle recherchieren, aus welcher Ära das jeweilige Stück ihrer Wahl stammt – zum Beispiel könnte es sich um eine Weste aus den sechziger Jahren handeln. Die übrigen Gäste müssen dann raten, von wann das Kleidungsstück datiert.

Musik-Ratespiel

Es treten zwei Teams gegeneinander an, von denen jedes etwa fünf Songs und einige für sie typische Tanzschritte oder Bewegungen einstudiert hat. Das Erscheinungsjahr seiner Songs muss dem Team bekannt sein. Das andere Team muss die Titel der Songs, die Ära, der sie entstammen, und möglichst das präzise Erscheinungsjahr nennen. Für jede richtige Antwort gibt es einen Punkt.

Poker einmal anders

Jeder Spieler erhält eine Karte. Ohne sie anzusehen, klebt er sie sich so an die Stirn, dass die anderen ihren Wert sehen können. Jetzt beginnt das Pokern, wobei die Spieler ihren Einsatz ausschließlich von den Karten, die sie bei den anderen sehen, sowie von deren Setzverhalten abhängig machen können. Nach und nach steigen die Mitstreiter aus. Von den beiden letzten Spielern gewinnt der mit der höchsten Karte.

Scharade

Die Partygäste bilden zwei Teams. Ein Spieler erhält von dem gegnerischen Team geheim den Auftrag, den Titel eines bestimmten Films, Bühnenstücks, Buches, Songs oder Musicals pantomimisch so darstellen, dass sein eigenes Team den Titel errät. Im Vorhinein sollten unbedingt bestimmte Regeldetails vereinbart werden.

Schlag mich doch!

Zwei Spielern werden die Augen verbunden, und sie bekommen eine zusammengerollte Zeitung oder eine andere harmlose „Waffe" in die Hand gedrückt. Sie legen sich entweder bäuchlings und mit einander zugewandtem Gesicht in etwa 1 m Abstand auf den Boden oder stehen sich gegenüber und reichen sich zunächst die Hände. Der eine sagt: „Schlag mich doch!", der andere erwidert: „Okay!", und los geht das Duell. Wer als Erster von seinem Kontrahenten getroffen wird, scheidet aus. Daraufhin tritt ein anderer Partygast an seine Stelle.

Kofferpacken – ein Memospiel

Der Erste in der Runde sagt: „ Ich packe meinen Koffer und nehme mit ...". Dann nennt er einen Gegenstand. Der nächste Spieler wiederholt den Satz und fügt einen weiteren Gegenstand hinzu. So geht es munter weiter. Wer durcheinanderkommt, scheidet aus. Testen Sie, wie es um Ihre Gedächtnisleistung nach einigen Cocktails bestellt ist!

Meine Liebesbeziehung mit Martin(i) begann vor zwölf Jahren in Chicago. Die erste Begegnung ereignete sich in einer überfüllten Bar, hoch über den Dächern der Stadt mit einer spektakulären Aussicht. Ich war hin und weg von ihm – obwohl ich ihn damals als etwas bitter empfand. Aber manchmal revidieren wir ja auch unseren ersten Eindruck... Erinnerungen werden wach, wenn ich an den Martini-Cocktail denke, eine Erfindung, für die wir den Amerikanern ewig danken sollten. Denn dieser Drink hat echt Charakter! In jüngeren Jahren hatte ich etwas Mühe, mich so mit den herben Untertönen wirklich anzufreunden, aber inzwischen genieße ich sie, und ich habe Spaß daran, mit „Tea-Tinis" zu experimentieren.

Tea-Tini-Grundrezept

VORBEREITUNG
10 Minuten plus
Zieh- und
Kühlzeit
4 PORTIONEN

5 Beutel Tee nach Wahl

150 ml sprudelnd kochendes Wasser

etwa 70 g extrafeiner Zucker
(nach Geschmack)

100 ml Wodka

30 ml Wermut

Saft von 1 Zitrone

Eiswürfel

4 Scheiben von 1 unbehandelten Zitrone
zum Dekorieren

Variationen

Holunder-Tea-Tini: Nach dem Grundrezept zubereiten, allerdings mit Lady-Grey-Teebeuteln, nur 50 g extrafeinem Zucker, 50 ml trockenem Wermut und zusätzlich 30 ml Holunderblütenlikör. Mit Minzesträußchen dekorieren.

Erdbeer-Tea-Tini: Nach dem Grundrezept zubereiten, allerdings mit Erdbeer-Früchtetee. Mit halbierten frischen Erdbeeren dekorieren.

1 Die Teebeutel in einem Messbecher mit dem kochenden Wasser übergießen und 4 Minuten ziehen lassen. Zucker einrühren, bis er sich gelöst hat, und die Teebeutel herausnehmen. Den Tee für 30 Minuten kalt stellen.

2 Wodka, Wermut und Zitronensaft zum Tee geben und verrühren. Die Mischung mit Eiswürfeln in einen Cocktailshaker geben und 5–10 Sekunden schütteln.

3 In vier Gläser gießen. Zitronenscheiben auf Hutnadeln ziehen und die Cocktails damit dekorieren. Sofort servieren.

WICHTIGER HINWEIS: Diesen fantastischen Cocktail der Achtzigerjahre müssen Sie unbedingt in einem transparenten Glas servieren, sonst verpassen Sie einen spektakulären Sonnenaufgang.

 Tee-Quila Sunrise

VORBEREITUNG
5 Minuten plus
Zieh- und
Kühlzeit
4 PORTIONEN

6 Beutel Earl Grey Blue Flower oder Blossom Earl Grey

100 ml sprudelnd kochendes Wasser

8 Eiswürfel

100 ml Tequila

300 ml Orangensaft

50 ml Grenadinesirup

1 Die Teebeutel in einem Messbecher mit dem kochenden Wasser übergießen und **4** Minuten ziehen lassen. Teebeutel entfernen und den Tee für **30** Minuten kalt stellen.

2 In vier Gläser je **2** Eiswürfel geben und mit dem Tequila übergießen. Den Orangensaft in den Tee einrühren, die Mischung über den Tequila geben.

3 Zuletzt den Grenadinesirup über den Rücken eines Teelöffels in die Gläser laufen lassen – behutsam, sodass er zunächst in der Mitte zu Boden sinkt und sich dann langsam nachoben ausbreitet. Sofort servieren.

Der Mojito hat für mich eine besondere Bedeutung. Zum einen mag ich die Aromen von frischer Minze, Rum und Limette, und zum anderen ist er der Lieblingscocktail eines überaus geschätzten Freundes von mir. Gemeinsam sind wir durch die Weltgeschichte gereist und haben, wo immer sich die Gelegenheit bot, Mojitos probiert. Was uns dabei vorgesetzt wurde, brachte uns mal zum Lachen und mal zum Weinen. Ich widme diesen Drink hier Jim, der extra über den Atlantik flog, um mir dabei zu helfen, den Oolong Mo-Tea-To zu entwickeln – nur für Sie!

Oolong Mo-Tea-To

VORBEREITUNG
10 Minuten plus Zieh- und Kühlzeit
4 PORTIONEN

3 EL loser Oolong-Tee

250 ml sprudelnd kochendes Wasser

etwa 100 g extrafeiner Zucker (nach Geschmack)

8–10 Stiele frische Minze plus einige Sträußchen zum Dekorieren

zerstoßenes Eis

Saft von 4 Limetten

100 ml weißer Rum

100 ml Prosecco, gekühlt

1 Den Tee in einen Papierteefilter füllen. In einem Messbecher mit dem Wasser übergießen und 4 Minuten ziehen lassen. Zucker einrühren, bis er sich gelöst hat, und den Teefilter herausnehmen. (Alternativ einfach den losen Tee aufbrühen und zuletzt abseihen.) Den Tee für 30 Minuten kalt stellen.

2 Minzestängel mit zerstoßenem Eis in einen Cocktailshaker geben und 5–10 Sekunden ganz kräftig schütteln.

3 Limettensaft, Rum und Tee in den Shaker geben. Wieder 5–10 Sekunden schütteln und die Mischung in vier Gläser gießen.

4 Mit Prosecco auffüllen, kurz umrühren und, dekoriert mit Minzsträußchen, sofort servieren.

STYLING

STYLING
EINE WISSENSCHAFT FÜR SICH

Stil kommt von innen, er bringt die Persönlichkeit zum Vorschein. Mit Ihrer Aufmachung signalisieren Sie den anderen, wer Sie sind beziehungsweise wer Sie sein möchten. Wenn Sie das erste Mal einem Fremden begegnen, wird man Sie wohl nach Ihrem Äußeren beurteilen. Ist diese erste Einschätzung zutreffend? Manchmal. Oft aber auch nicht. Ich selbst liege dabei auch sehr häufig daneben.

Ihre Kleidung sagt viel über Sie aus, bevor Sie überhaupt den Mund aufmachen. Wenn Ihnen also der Eindruck, den Sie hinterlassen, nicht gleichgültig ist, sollten Sie sich über Ihr Styling Gedanken machen. Entscheidend ist für mich, ganz einfach, ob ich mich gut und selbstbewusst in meinem Outfit fühle.

Als ich seinerzeit die „Angel-A Vintage Experience" organisierte (siehe Seite 8), waren die Kunden von meinem Styling-Service sehr angetan. Für jeden Besucher stellte ich einige Outfits zusammen. Wenn ich dann erlebte, wie jemand, überrascht über den neuen Look, strahlte wie ein Honigkuchenpferd, war ich selber ganz glücklich. Ich verließ mich stets auf meinen Blick und Instinkt. Weder fragte ich nach der Kleidergröße noch nach anderen Details.

Nach einigen Jahren wollte ich unbedingt mehr über die Kunst de Ankleidens erfahren. Also besuchte ich eine Schule für Imageberatung. Ich lernte viel über die Gewicht und Proportionen, Strukturen und Muster von Stoffen, saisonale Trends und dergleichen mehr. Geholfen hat mir das für meinen Job nicht wirklich, aber es hat Spaß gemacht.

Ich möchte Sie gern in die Wissenschaft der Kleiderwahl einführen, sodass Sie dann das für Sie perfekte Outfit im Retro-Stil finden können. Beim Einkaufen von Vintage-Kleidung sollte man vor allem seinem Auge vertrauen und nicht nach Maßen gehen. In meiner Garderobe finden sich Stücke in mindestens drei Konfektionsgrößen.

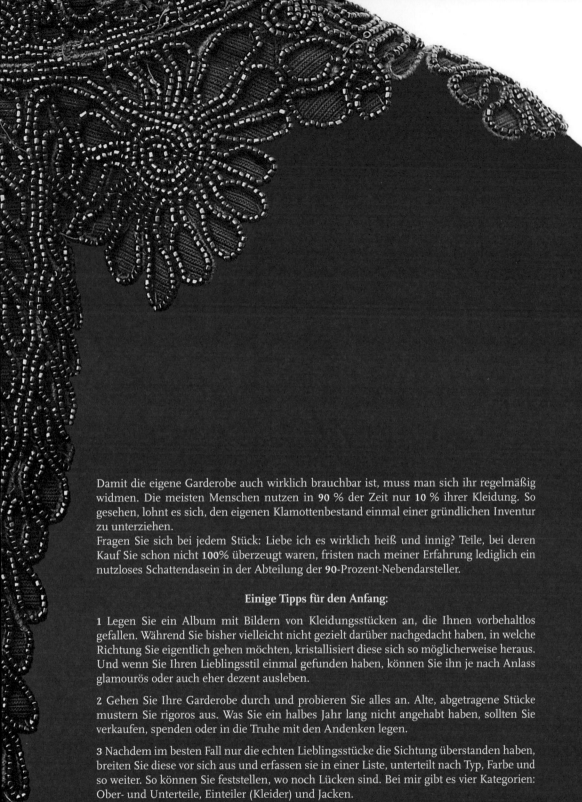

Damit die eigene Garderobe auch wirklich brauchbar ist, muss man sich ihr regelmäßig widmen. Die meisten Menschen nutzen in **90** % der Zeit nur **10** % ihrer Kleidung. So gesehen, lohnt es sich, den eigenen Klamottenbestand einmal einer gründlichen Inventur zu unterziehen.

Fragen Sie sich bei jedem Stück: Liebe ich es wirklich heiß und innig? Teile, bei deren Kauf Sie schon nicht **100**% überzeugt waren, fristen nach meiner Erfahrung lediglich ein nutzloses Schattendasein in der Abteilung der **90**-Prozent-Nebendarsteller.

Einige Tipps für den Anfang:

1 Legen Sie ein Album mit Bildern von Kleidungsstücken an, die Ihnen vorbehaltlos gefallen. Während Sie bisher vielleicht nicht gezielt darüber nachgedacht haben, in welche Richtung Sie eigentlich gehen möchten, kristallisiert diese sich so möglicherweise heraus. Und wenn Sie Ihren Lieblingsstil einmal gefunden haben, können Sie ihn je nach Anlass glamourös oder auch eher dezent ausleben.

2 Gehen Sie Ihre Garderobe durch und probieren Sie alles an. Alte, abgetragene Stücke mustern Sie rigoros aus. Was Sie ein halbes Jahr lang nicht angehabt haben, sollten Sie verkaufen, spenden oder in die Truhe mit den Andenken legen.

3 Nachdem im besten Fall nur die echten Lieblingsstücke die Sichtung überstanden haben, breiten Sie diese vor sich aus und erfassen sie in einer Liste, unterteilt nach Typ, Farbe und so weiter. So können Sie feststellen, wo noch Lücken sind. Bei mir gibt es vier Kategorien: Ober- und Unterteile, Einteiler (Kleider) und Jacken.

4 Bevor Sie shoppen gehen, schreiben Sie eine Einkaufsliste und legen Sie das Budget fest. So minimieren Sie das Risiko, dass Sie Ihren zu **90** % ungenutzten Fundus wieder unnötig ausbauen.

Das passende Drunter

Für einen gelungenen Vintage-Look muss jedes Detail stimmen, bis hin zu den Dessous. Besitzen diese eine schlechte Passform, kann das Ganze nichts werden. Die richtigen Dessous haben großen Einfluss auf Ihren Auftritt, zumal es ein gutes Gefühl gibt, sich auch über das Drunter Gedanken zu machen. Tun Sie sich also einen großen Gefallen und entmisten Sie Ihre Unterwäsche-Schubladen!

Stilkunde als angewandte Wissenschaft

Dass Schwarz schlank macht, haben wir alle schon einmal gelesen. Erklären lässt sich dieses Phänomen dadurch, dass wir in der Regel unser Gegenüber sozusagen vom Scheitel bis zur Sohle scannen, und bei einem uni Outfit kann der Blick von oben nach unten wandern, ohne irgendwo hängenzubleiben. Genauso verhält es sich mit Blockfarben oder kleingemusterten Stoffen. Wann immer jedoch horizontale Trennelemente ins Bild rücken, sei dies etwa ein Gürtel, ein Schuhriemen quer über den Spann, eine gemusterte Partie oder eine Tasche auf einem Kleidungsstück, wird der Blick unweigerlich auf diese Elemente gelenkt. Sie sollten also nur an Stellen platziert sein, die gezielt ins Blickfeld gerückt werden sollen.

Proportion ist ebenfalls ein wichtiger Aspekt. Überlegen Sie, um was es Ihnen geht. Falls Sie eine schmale Taille haben, könnten Sie diese gezielt betonen. Wollen Sie Ihre Beine optisch verlängern, wäre vielleicht ein Unterteil mit hohem Bund ratsam.

Verwenden Sie Schulterposter oder wählen Sie ein Oberteil mit Puffärmeln, wenn Sie sehr schmale Schultern haben. Schließlich sollte jede Frau, die sich von ihrer schönsten Seite zeigen will, wissen, dass es nicht schadet, den Hals und das Dekolleté elegant in Szene zu setzen. So ergibt sich eine schlankere Silhouette.

Wie gesagt, es ist eine Wissenschaft!

Verlieren Sie niemals Ihre Garderobe als Ganzes aus den Augen. Alle Stücke sollten kombinierbar sein, und wenn man weniger, aber dafür perfekt passende Teile hat, kann der Fundus atmen und langsam aufs Schönste wachsen.

Ich wünsche Ihnen fröhliches Shoppen. Und falls Sie Ihre Vintage-Kollektion gleich einmal etwas erweitern möchten, finden Sie auf der nächsten Seite dazu ein paar Tipps.

Wie finden Sie das perfekte Vintage-Kleid

Vintage-Kleider tragen bereits Leben in sich. Sie haben festliche Bälle, noble Lunches oder erotisch knisternde Cocktailstunden mit Verehrern hinter sich. Wenn Sie nun ein solches Stück kaufen, ist es an Ihnen, es vollendet, weder über- noch untertrieben, zu inszenieren. Führen Sie es zu Anlässen aus, bei denen ihm gebührende Bewunderung zuteil wird, und sonnen Sie sich in seinem Glanz. Das perfekte Vintage-Kleid ausfindig zu machen verlangt Hingabe, Stilsicherheit und ein gewisses Gespür für Eleganz. Es ist, kurz gesagt, eine Kunst.

Zunächst einmal muss man in der richtigen Stimmung sein. Ich gehe am liebsten bei Schmuddelwetter auf Shoppingtour, also an einem jener Tage, die geradezu nach einem Bonbon für die Seele schreien und an denen man draußen nichts versäumt. Wählen Sie ein schlichtes, aber doch stylishes Outfit, das sich schnell aus- und anziehen lässt, und dazu Schuhe, die zu allem passen.

Wenn ich eine Retro-Boutique oder einen Secondhandladen betrete, verschaffe ich mir als Erstes einen groben Überblick. Fallen mir extravagantere Materialien – etwa Spitze, Samt, Chiffon, Seide oder Paillettenstoffe – ins Auge oder auch besondere Farben? Schwarz und Rot sind zeitlos, Blockfarben verfehlen nie ihre Wirkung.

Im Anschluss wird das gesamte Angebot gründlich durchforstet, und dabei sollte man die Männerabteilung nicht links liegen lassen (vielleicht findet sich dort ein außergewöhnliches Stück, das sich zu einem schicken Hemdkleid umfunktionieren lässt). Haben Sie etwas entdeckt? Dann geht es nun in die Umkleidekabine. Sie mögen das Kleid – aber mag es auch Sie? Es ist völlig in Ordnung, die Meinung anderer einzuholen. In erster Linie jedoch sollte man dem eigenen Gefühl trauen, und dabei ist etwas Phantasie gefragt.

Vor einer endgültigen Entscheidung stellen Sie sich folgende Fragen: Wie habe ich mich in dem Kleid gefühlt? Und werde ich, wenn ich es nicht kaufe, auf dem Heimweg bedauern, dass es nun jemand anders für sich entdeckt?

Vintage-Stücke behält man ewig. Man wird sie im Alter aus einer Truhe hervorkramen und an jene Zeiten zurückdenken, als man mit ihnen stilvolle Auftritte hatte. Daher sollte man sie mit Bedacht auswählen, sorgsam behandeln und ihnen Wertschätzung entgegenbringen.

Solange Sie Ihr Kleid lieben, wird es auch Sie lieben. Es wird dafür sorgen, dass man sich nach Ihnen umdreht, wenn Sie einen Raum betreten. Spätestens, wenn die Herren Sie nach Ihrem Namen fragen und Damen sich nach dem Namen Ihres Schneiders erkundigen, können Sie gewiss sein, dass Sie fulminant aussehen.

FRISUR UND MAKE-UP

GRUNDAUSSTATTUNG

WAS SIE BRAUCHEN

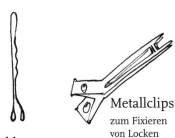

Haarklemmen

Metallclips
zum Fixieren
von Locken

Haarnadeln
(möglichst in einer
dem Haarton ent-
sprechenden Farbe)

**Gute Haarbürste
mit Naturborsten**

Stielkamm

Klettwickler
Ideal sind mehrere
Größen für verschie-
dene Frisuren. Als Ein-
heitsgröße empfiehlt
sich ein Durchmesser
von **3** cm.

Schaumfestiger
(möglichst speziell
für Locken)

**Haarpomade
oder -wachs**

Flüssiger
Haarfestiger
Am besten füllen Sie ihn
in eine Sprühflasche. Ich
empfehle, Produkte für
starken Halt zu verwen
den und diese zu verdün-
nen (1 Teil Festiger auf
2 Teile Wasser).

Lockenstab
(mittlerer Durchmesser)

Trockenhaube
Es gibt starrer Hauben
auf einem Stativ oder
auch leichte aus Gewebe,
die auf dem Kopf auf-
liegen– bei manchen
Modellen wird der
Schlauch einfach auf
den Föhn aufgesteckt.

Haarspray
(möglichst
für maximalen
Halt)

**Clips zum Abteilen
der Haare**

Glanz-Haarlack

GRUNDSÄTZLICHES

Das Gelingen der Frisuren steht und fällt mit der Vorbereitung des Haars. Sofern Sie vorhaben, es trocken aufzudrehen, empfehle ich, es bereits am Vortag zu waschen, da es dann besser formbar ist.

Ganz gleich, ob Sie die Haare mithilfe von Wicklern oder Clips eindrehen, werden die Locken für einen überzeugenden Vintage-Look immer waagerecht ausgerichtet. Um auch die Spitzen beim Aufdrehen mit zu erfassen, schiebt man sie mit dem Ende eines Stielkamms unter das übrige Haar auf dem Wickler oder in der Lockenrolle. Sollten Sie nach dem Herausnehmen der Wickler wie ein Pudel aussehen, ist das kein Grund zur Panik! Denn das Erfolgsgeheimnis dieser Frisuren liegt im ausgiebigem Ausbürsten.

Locken mit dem Lockenstab

Wenn die Zeit fehlt, um das Haar auf Wickler zu drehen, können Sie mit dem Lockenstab ein ebenso schönes Ergebnis erzielen. Dafür großzügig Schaumfestiger ins trockene Haar geben und schon einmal das Haar nach der Anleitung für die klassische Welle (*siehe* Seite 276–279) unterteilen. Eine erste im Rechteck abgeteilte Strähne von höchstens 1 cm Breite aufnehmen, und, um den beim Arbeiten mit dem Lockenstab so gefürchteten Korkenziehereffekt zu vermeiden, langsam den Klemmbügel schließen und dann den Lockenstab vom Kopf weg ziehen, bis die Spitzen ordentlich unter dem Bügel fixiert sind. Die Strähne im 45-Grad-Winkel stramm nach oben ziehen und dann nach unten (!) eindrehen. 20 Sekunden halten, danach den Klemmbügel öffnen und den Lockenstab vorsichtig aus der Locke ziehen. Die noch heiße Locke waagerecht um den Zeigefinger wickeln und mit einer Haarklemme fixieren.

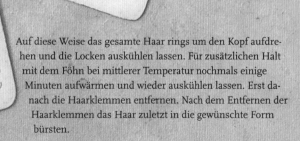

Auf diese Weise das gesamte Haar rings um den Kopf aufdrehen und die Locken auskühlen lassen. Für zusätzlichen Halt mit dem Föhn bei mittlerer Temperatur nochmals einige Minuten aufwärmen und wieder auskühlen lassen. Erst danach die Haarklemmen entfernen. Nach dem Entfernen der Haarklemmen das Haar zuletzt in die gewünschte Form bürsten.

Die KLASSISCHE WELLE

Diese zeitlose Variante bietet sich für jede Haarlänge und die meisten Haartypen an, und durch die Verwendung unterschiedlich großer Wickler lässt sich die Art der Locken oder Wellen, die sich am Ende ergeben, genau bestimmen. Man kann die Haare je nach Vorlieben im trockenen oder im feuchten Zustand eindrehen. Gleiches gilt für die Verwendung von Flüssigfestiger oder Schaumfestiger. Manche entscheiden sich für Klettwickler in Kombination mit der Trockenhaube, andere setzen auf Clips. Probieren Sie die unterschiedlichen Alternativen einfach aus, um herauszufinden, wie Sie bei Ihrem Haartyp und Ihrer Haarlänge am besten zu dem gewünschten Resultat gelangen. Traditionell wurde das feuchte Haar eingedreht und unter der Haube getrocknet. Diese Methode garantiert nicht nur längeren Halt, sondern im Verlauf der Prozedur auch eine Menge Spaß – und darum geht es uns Vintage-Girls ja hauptsächlich.

SCHRITT 1 Das Haar waschen und föhnen, bis es nur noch **10–20 %** Restfeuchtigkeit enthält. Großzügig mit Flüssigfestiger einsprühen und für eine gleichmäßige Verteilung gut durchkämmen. Partien, die während des Eindrehens schon übermäßig trocken sind, hängen sich später wahrscheinlich schnell aus.

SCHRITT 2 Das Haar mit einem Stielkamm von einem Ohr zum anderen quer über den Scheitel in zwei Partien teilen. Die Vorderpartie in der Mitte teilen und dabei jeweils eine Seitenpartie abtrennen. Die Breite der beiden Frontpartien sollte etwa der Breite der verwendeten Wickler entsprechen.

SCHRITT **3** Auf der ersten Seite eine rechteckige Partie von etwa **1** cm Tiefe abteilen. Die Strähne im 45-Grad-Winkel nach oben ziehen und glatt um den waagerecht gehaltenen Wickler legen und straff nach unten eindrehen (nicht nach oben!). Klettwickler halten zwar von selbst, trotzdem fixiere ich sie lieber mit Clips oder Haarklemmen. Wie beschrieben, die beiden Hälften der Vorderpartie auf Wickler drehen, die jeweils waagerecht ausgerichtet werden und zuletzt möglichst eng am Kopf anliegen sollten.

SCHRITT **4** Die rückwärtige Partie erst senkrecht und anschließend weiter, wie beschrieben, waagerecht in Strähnen teilen, die dann aufgewickelt werden.

SCHRITT **5** Jetzt folgt der leichteste Teil der Übung, nämlich das Trocknen unter der Haube, das je nach Haardicke 45–60 Minuten beansprucht. Währenddessen können Sie die Nägel lackieren, sich um Ihr Make-up kümmern oder einfach entspannen. Für eine Frisur, die tagelang hält, das Haar abends eindrehen, mit den Wicklern schlafen, am nächsten Morgen die Wickler mit einem Kopftuch verhüllen und erst am Abend herausnehmen.

SCHRITT **6** Das Haar sollte etwa **15** Minuten Zeit zum Auskühlen bekommen, bevor Sie die Wickler entfernen. Vielleicht fragen Sie sich in dieser Phase, wo Ihre Lana-Turner-Locken sind, und werden sich durch Ihr Spiegelbild eher an Shirley Temple erinnert fühlen. Doch keine Bange! Bürsten Sie das Haar gründlich durch, und nachdem Sie nun vielleicht Ähnlichkeit mit dem zuvor erwähnten Pudel aufweisen, arbeiten Sie mit den Handflächen eine kleine Menge Pomade oder Wachs in die Haarlängen ein und bringen dann das Ganze durch leichtes Bürsten oder auch mit den Fingern in Form, bis Sie mit Ihrem Spiegelbild zufrieden sind. Zuletzt die Frisur mit einem kräftigen Haarspray fixieren.

DIE POODLE-FRISUR

Das Erfolgsgeheimnis von Betty Grables Markenzeichen liegt in der richtigen Vorbereitung. Danach ist alles ganz einfach. Genau wie die klassische Welle hält diese Frisur besonders lang, wenn man das Haar bereits am Abend vor dem Auftritt eindreht und die Locken über Nacht mit Haarklemmen fixiert. Falls die Zeit dafür nicht reicht, bringen Sie eben das Haar am eigentlichen Tag mit dem Lockenstab in Form.

SCHRITT 1 Schaumfestiger über die gesamte Länge ins Haar einarbeiten und durchkämmen. Höchstens 1 cm breite und tiefe Strähnen abteilen, mit dem Lockenstab aufdrehen und mit Haarklemmen fixieren. Für den Poodle müssen die einzelnen Partien nicht so präzise abgeteilt werden, sie sollten aber ungefähr die gleiche Größe haben. Wenn Sie sich für die am Tag X schnell gezauberte Poodle-Version entschieden haben, lassen Sie das Haar nach dem Stylen mit dem Lockenstab mindestens 15–20 Minuten auskühlen.

SCHRITT 2 Alle Haarklemmen entfernen und das Haar wie folgt in vier Partien teilen: Die erste Linie verläuft hufeisenförmig von einer Schläfe über die Scheitelmitte zur anderen Schläfe; das Resthaar wird in zwei seitliche und eine rückwärtige Partie unterteilt.

SCHRITT 3 Mit Haarklemmen und Haarnadeln die Locken im oberen Bereich feststecken. Falls mehr Volumen gewünscht ist, setzen Sie den Lockenstab ein und toupieren außerdem das Haar ein wenig. Die Locken werden beim Feststecken unterschiedlich ausgerichtet.

SCHRITT 4 Die Seitenpartien am Ansatz von hinten etwas toupieren. Leicht aus dem Gesicht und nach oben zum hinteren Bereich der oberen Partie ziehen. Dort mit Haarklemmen gut feststecken.

SCHRITT 6 Die fertige Frisur mit Haarspray fixieren, dabei die seitlichen und rückwärtigen Partien mit den Händen glatt streichen. Zuletzt ordentlich Glanzspray aufsprühen.

SCHRITT 5
Die rückwärtige Haarpartie nach oben führen, glatt bürsten und so feststecken, dass sie die Haarklemmen zwischen den Locken kaschiert. Zuletzt die Strähnen aller vier Partien ineinanderarbeiten und dabei die Spitzen nach Bedarf mit dem Lockenstab formen.

VICTORY ROLLS

Victory Rolls hatten in den vierziger Jahren gleichsam eine Paraderolle inne. Diese Frisur, die ich persönlich am allerliebsten mag, sieht nach einem vollen Arbeitstag und einer anschließend durchtanzten Nacht noch genauso glamourös aus wie in der Frühe, als Sie frisch gestylt das Haus verließen.

Ursprünglich verstand man unter einer „Victory Roll" ein von den Kampffliegern im Zweiten Weltkrieg vollführtes Manöver, und zu Ehren der Soldaten, die für ihr Land kämpften, übertrugen die Frauen den Begriff auf ihre Haarrollen.

Anfangs mag diese Styling-Technik kompliziert erscheinen, aber wenn man einmal das Grundprinzip beherrscht, kann man damit wunderbar experimentieren. Ich bin immer ganz stolz auf meine dritte „Victory Roll", und je nach Laune drehe ich noch eine vierte!

SCHRITT 1 Das Haar mit einem Stielkamm von Ohr zu Ohr quer über den Scheitel in zwei Partien teilen. Das hintere Haar mit einem Clip zurückstecken, damit es einstweilen nicht im Weg ist.

SCHRITT 2 Die Frontpartie mit etwas Schaumfestiger verstärken und in drei Partien teilen: zwei seitlich über den Brauenbögen und eine in der Mitte.

SCHRITT 3 Mit dem Lockenstab die beiden seitlichen Partien aufdrehen und, solange das Haar noch heiß ist, feststecken. Für „Victory Rolls" ist die Drehrichtung wohlgemerkt, anders als sonst, nach oben. Indem man diese Partien als Erstes aufdreht und feststeckt, wird das Ganze etwas einfacher.

SCHRITT 4 Die Mittelpartie horizontal teilen. Beide Strähnen vom geplanten Scheitel weg über den Lockenstab aufdrehen und die Locken feststecken. Während die vorderen Locken auskühlen, nehmen Sie sich den Hinterkopf vor.

SCHRITT 5 Die Haare im rückwärtigen Bereich mit etwas Pomade oder Wachs glätten und den Bereich horizontal in zwei Partien teilen. Dieser Style sieht großartig mit zwei rückwärtigen Rollen aus, er kann sich aber auch mit nur einer durchaus sehen lassen.

SCHRITT **6** Die untere Hinterkopfpartie in drei oder vier Abschnitte teilen und für etwas mehr Volumen leicht toupieren. Sie können die Rollen ganz nach Belieben höher oder niedriger platzieren, bei kürzerem Haar sollten sie allerdings möglichst tief im Nacken sitzen.

SCHRITT **7** Das Haar der mittleren Abschnitte locker nach oben rollen und fest stecken, wobei die Clips möglichst in den Rollen verschwinden sollten. Ich persönlich finde es einfacher, das Haar um den Zeigefinger zu wickeln und, während ich das Ganze mit dem Mittelfinger festhalte, mit ein, zwei Haarklemmen zu fixieren. Die einzelnen Rollen sollten möglichst den gleichen Durchmesser aufweisen, sodass sie sich leichter zu einem Ganzen verbinden lassen.

SCHRITT **8** (LINKS UND UNTEN) Die seitlichen Abschnitte etwas schräg aufrollen – so sieht das Ganze später bei seitlicher Betrachtung attraktiver aus. Die Schritte 7 und **8** an der oberen Hinterkopfpartie wiederholen.

SCHRITT **9** Jetzt rückt wieder die Frontpartie in den Fokus. Die Clips aus den Locken entfernen und die erste Seitenpartie für etwas mehr Volumen am Ansatz toupieren. Die Haarsträhne um den Daumen der gegenüberliegenden Hand wickeln, die Enden unterschieben und die Rolle von innen mit einer Haarklemme fixieren. Vielleicht müssen Sie diesen Schritt einige Male üben, aber Sie werden den Dreh bald heraushaben. Wenn Sie mir Ihrer „Victory Roll" zufrieden sind, etwas Haarspray aufsprühen und letzte widerspenstige Haare glatt streichen. Mit der zweiten Seitenpartie genauso verfahren. Die vordere Mittelpartie von hinten leicht antoupieren, mit den Fingern zu einer Locke formen und feststecken. Auf die gleiche Weise wird die obere Hinterkopfpartie in Form gebracht, wobei diese Rolle etwas weiter nach außen reichen sollte. Wer Lust zum Spielen hat, kann die Victory Rolls vielfältig abwandeln. Mit festigendem Haarspray und etwas Glanzspray bekommen sie den letzten Schliff.

Ein Make-up nach allen Regeln der Kunst

Mit einem kessen Augenaufschlag und roten Lippen macht Frau aus jedem Tag etwas Besonderes. Indem Sie sich an die folgende einfache Step-by-Step-Anleitung und an die Farbpalette halten, kommen Sie zum perfekten Vintage-Look.

Für einen perfekten Teint zunächst Hautunreinheiten und Augenringe mit Concealer abdecken. Zum Korrigieren von Rötungen gibt es spezielle grüne Abdeckstifte.

Eine auf den Hautton abgestimmte Flüssig- oder Creme-Foundation auftragen (mit einem speziellen Pinsel wird es besonders gleichmäßig). Ein flüssiges Produkt nicht direkt im Gesicht auftragen, sondern zunächst auf den Handrücken. Sonst sieht man schnell zugekleistert aus.

Mit einem Augenbrauenstift oder einem abgeschrägten Pinsel und Lidschatten die Augenbrauen nachziehen. Für den Retro-Look müssen sie dunkel, kräftig und klar konturiert sein. Sie beginnen über dem inneren Augenwinkel und laufen hinter dem äußeren Augenwinkel aus.

Als Nächstes tragen Sie auf das gesamte Lid Lidschatten in einer neutralen Farbe auf, dann betonen Sie die Lidfalte mit einem dunkleren Braun. Die Palette hilft Ihnen mit Tages- und Abendtönen zu experimentieren.

Für den richtigen Lidstrich schließen Sie ein Auge und ziehen mit flüssigem Eyeliner möglichst dicht am Wimpernkranz in einer durchgehenden Bewegung eine gleichmäßige Linie, die erst hinter dem äußeren Augenwinkel in einem kleinen Aufwärtsschwung ausläuft. Einfacher geht es, wenn Sie das Lid straff ziehen. Und sagen Sie sich immer wieder: Übung macht die Meisterin.

Wenn Sie gern einen Schönheitsfleck hätten, malen Sie ihn mit dem Eyeliner und probieren Sie verschiedene Positionen aus.

Setzen Sie ein Lächeln auf und geben Sie auf Ihre „Apfelbäckchen" einen Hauch Puderrouge.

Für das Finish nun noch losen oder Kompaktpuder auftragen. Er fixiert das Make-up und macht den makellosen Teint perfekt.

Mit schwarzer Mascara erhalten die Wimpern als Nächstes mehr Länge und Volumen. Für mehr Schwung können Sie zuvor die Wimpernzange einsetzen. Für einen Abend-Event sind künstliche Wimpern ein absolutes Muss (*siehe* Seite 292).

Für einen sinnlichen Mund zunächst einen Lippenbalsam auftragen. Anschließend die Konturen mit einem Lipliner sorgfältig nachzeichnen und die Konturenfarbe zur Mitte des Mundes hin verwischen. Mit einem kleinen Pinsel die Lippen in einer zum Konturenstift passenden Farbe ausmalen. Überschüssigen Lippenstift mit einem Kosmetiktuch abtupfen.

Schon fertig!

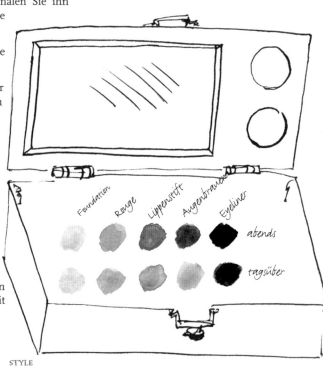

Foundation — Rouge — Lippenstift — Augenbrauen — Eyeliner

abends

tagsüber

Künstliche Wimpern ankleben

Mit künstlichen Wimpern lässt sich schnell und leicht der Tages-Look aufhübschen oder auch ein elegantes Abend-Make-up zaubern. Je nach dem Stil der Wimpern, die Sie verwenden, ergibt sich einfach nur ein schöner Augenaufschlag oder aber ein betont verführerischer Ausdruck. Experimentieren Sie!

Als Erstes geben Sie Ihren eigenen Wimpern mit der Wimpernzange eine schwungvolle Form, ähnlich der der falschen Wimpern. Ob Sie bereits jetzt etwas Mascara auftragen, sodass Ihre natürlichen Wimpern mit der künstlichen Verstärkung, die sie dann erhalten, harmonisch verschmelzen, oder dies ganz zum Schluss machen, bleibt Ihnen überlassen. Die künstlichen Wimpernbänder vorsichtig aus ihrer Schachtel nehmen und leicht biegen – so lassen sie sich einfacher präzise anbringen. Der benötigte Wimpernkleber ist in der Regel in der Packung enthalten.

SCHRITT 1 Unter Umständen müssen die Wimpernbänder vor dem Ankleben an beiden Enden gekürzt werden. Nehmen Sie am eigenen Wimpernsaum Maß, bevor Sie die Nagelschere ansetzen.

SCHRITT 2 Etwas Klebstoff auf den Handrücken geben und ein Wimpernband mit der Unterseite durch den Klebstoff ziehen. Alternativ den Klebstoff direkt am Wimpernband auftragen.

SCHRITT 3 Etwa 15 Sekunden warten, bis der Klebstoff angetrocknet ist.

SCHRITT 4 Bringen Sie die Wimpern entweder mit den Fingern oder mit einer Pinzette an.

SCHRITT 5 Das Wimpernband am äußeren Augenwinkel ansetzen und dann Stück für Stück in Richtung des inneren Augenwinkels möglichst dicht am Wimpernsaum andrücken.

SCHRITT 6 Falls das Wimpernband nicht perfekt anschließt, schieben Sie es mit einem Wattestäbchen nach unten. Das Wimpernband etwa 30 Sekunden andrücken, bis der Kleber fest ist.

SCHRITT 7 Etwaige Zwischenräume mit flüssigem Eyeliner oder Lidschatten kaschieren. Zuletzt die Wimpern für einen kessen Augenaufschlag mit den Fingern nach oben für einen geheimnisvollen Blick leicht nach unten streichen. So einfach ist das Ganze!

STYLING FÜR DEN MANN

In meiner Kindheit war ich froh, ein Mädchen zu sein. Ich konnte mich hübsch anziehen und durfte meine Schminkkünste an den weiblichen Familienmitgliedern erproben. Manchmal nahm ich mir dabei auch die Männer vor, weil ich meinte, sie sollten diesen Spaß nicht verpassen – eine Fehleinschätzung, wie ich inzwischen weiß. Frauen haben zwar, wenn sie sich zurechtmachen, entschieden mehr spielerischen Freiraum, doch das Styling des Mannes ist eine hohe Kunst, die Klugheit, Bedacht und Aufmerksamkeit fürs Detail erfordert und dann im besten Fall einen distinguierten Look ergibt, der lässige Souveränität mit Charme verbindet.

Sollte der Mann an Ihrer Seite diese Disziplin bereits beherrschen, überschlagen Sie die folgenden Seiten und seien Sie einfach stolz auf ihn. Falls nicht, folgt hier unsere Vintage-Patisserie-Wunschliste für ein kultiviertes männliches Styling.

Frisur
Ob er den Vierziger-Jahre-Look – kurz gestutzte Seiten- und Nackenpartien mit langem Deckhaar – favorisiert oder, ganz gentlemanlike, mit einem messerscharfen Scheitel im Stil der Zwanzigerjahre glänzt – ohne Brillantine geht gar nichts.

Schnurrbart
Er wird sorgsam gekämmt, mit Bartwichse in Form gebracht und an den Spitzen hochgezwirbelt.

Anzug
Der Anzug ist eines der wichtigsten Stücke der Herrengarderobe, und deshalb sollte Mann ihn sich einiges kosten lassen – jedenfalls so viel, wie das Budget erlaubt. Es ist wohl der Traum jedes Mannes (und vielleicht jeder Frau), sich einmal in der Londoner Savile Row etwas auf den Leib schneidern zu lassen.

Jackett
Es sollte in jedem Fall wie angegossen sitzen, wobei je nach Statur ein Ein- oder eher ein Zweireiher in Betracht kommt, und die Ärmellänge sollte so bemessen sein, dass sie bewundernde Blicke auf die Manschettenknöpfe erlaubt.

Hose
Sie darf nicht zu lang sein. Im besten Fall reicht sie gerade bis zum Knöchel, und wenn der Herr sitzt, gibt sie den Blick auf seine Socken frei. Grässlich und alles andere als elegant ist der moderne niedrige Bund. Ganz gleich, ob ein Gürtel getragen wird oder nicht, der Bund sollte bequem oberhalb der Hüfte sitzen. Mit einem noch höheren Bund macht man nichts falsch: In den zwanziger Jahren war die hohe Taille der letzte Schrei.

Weste
Ein tadellos geschnittener Anzug kann mit einer Weste ergänzt werden, wobei für gereiftere Gentlemen ein Dreiteiler wohl eine Selbstverständlichkeit ist. Für einen moderneren Look dürfen verschiedene Stoffe und Farben gemixt werden,werden. Es verlangt jedoch viel modisches Gespür drei verschiedene Teile zu kombinieren. Sicherer ist es, wenn sich nur ein Teil des Ensembles von den anderen abhebt.

Hemd

Farbe und Muster des Hemdes sind eine Frage des persönlichen Geschmacks, aber stets mit Jackett, Mantel und Hose abzustimmen. Und noch etwas: Kein Gentleman, der auf sich hält, würde sich je ohne geschlossene Kragen- und Manschettenknöpfe zeigen.

Unterhemd

Schon insofern ist ein Unterhemd zu empfehlen, als der Mann damit gerüstet ist, um jederzeit einer Dame bei einer kleinen Reparatur im Haus oder am Auto beizuspringen, ohne dass sein Hemd dabei hässliche Flecken bekommt.

Hosenträger

In jeder Situation sieht dieses Extra fantastisch aus und hält nebenbei noch die Hose in der perfekten Position. Die Farbe der Hosenträger sollte möglichst auf das Futter des Jacketts, die Socken oder die Manschettenknöpfe abgestimmt werden.

Krawatte

Der Knoten soll ordentlich und gut dimensioniert wirken, das schmale Ende der Krawatte ist verdeckt. Krawattennadeln sorgen dafür, dass nichts verrutscht, und unterstreichen den eleganten Auftritt. Insbesondere für formellere Anlässe bildet die Fliege eine Alternative. Aber Achtung: Ihr kann leicht etwas Clowneskes anhaften. In jedem Fall wichtig ist die farbliche Abstimmung.

Einstecktuch

Das klassische Accessoire, das in die Brusttasche des Jacketts gehört, darf sich optisch nicht zu sehr an die Krawatte anlehnen – damit ginge die Harmonisierung dann doch zu weit.

Manschettenknöpfe

Ein ganz wesentliches Detail der männlichen Garderobe! Sie halten die Manschetten ordentlich in Form und geben dabei ihrem Träger einen wahrhaft distinguierten Anstrich. Schmuck an Männern ist eine schwierige Sache, doch mit etwas Stilempfinden kann ein Mann seine Manschettenknöpfe so auswählen, dass er damit keineswegs wie ein Lackaffe aussieht.

Armbanduhr

In der heutigen Smartphone-Ära mögen viele die Armbanduhr als überflüssig ansehen. Aber mit einem gut gewählten Modell bringt ein Mann seine Individualität zum Ausdruck und signalisiert zugleich, dass er auf gute Organisation und Vorbereitung Wert legt. Extravaganter wirkt eine Taschenuhr, die garantiert die Aufmerksamkeit junger Damen weckt.

Mantel

Der richtige Mantel ist unverzichtbar (vor allem in Anbetracht des prächtigen britischen Wetters), mit ihm steht und fällt der erste Eindruck. Für den perfekten Retro-Look muss der Mantel mindestens knielang sein, denn damit ergibt sich eine elegante Silhouette. Kragen und Schließen sollen stylish aussehen, aber auch von praktischem Nutzen sein.

Socken

Sie sind auf keinen Fall zu vernachlässigen. Socken, die nicht zum übrigen Outfit passen, sind absolut unverzeihlich und rücken, wenn man eine stilechte Hose trägt, voll ins Rampenlicht. Ein tragischer Missgriff ist die Kurzsocke, und Herren mit einem ausgeprägten Sinn für Tradition entscheiden sich oft sogar für eine Form, die mindestens bis auf halbe Wadenhöhe reicht.

Schuhe

Meine Herren, ich will Ihnen ein kleines Geheimnis verraten: Bei der ersten Begegnung mit einem Mann wirft eine Frau immer einen Blick auf seine Schuhe. Sie bilden buchstäblich die Grundlage seines Auftretens. Dementsprechend sollten sie stilvoll, von bester Qualität und makellos geputzt sein. Folgende Schuhtypen stehen auf unserer Wunschliste:

Oxfords

Das Traditionsmodell unter den Herrenschuhen schlechthin besticht durch sein schlichtes Erscheinungsbild und ist der perfekte Begleiter für formelle Anlässe jeder Art. Oxfords sind aus Leder gefertigt, ein typisches Merkmal ist ihre geschlossene Schnürung. Werte Herren, sollten Sie auch nur ansatzweise erwägen, zu einem Anzug ungeschnürte Schuhe zu tragen, vergessen Sie es gleich!

Brogues

Brogues bestehen aus robustem Leder und weisen ein charakteristisches Lochmuster in W-Form auf der Spitze sowie weitere kleinen Lochverzierungen auf. Gängige Farben sind Oxblood, Dunkel- und Hellbraun. Dieser Schuhtyp passt dort, wo es ungezwungener zugeht, ist aber auch bei formelleren Anlässen tragbar.

Tassel Loafers

Dieser Slipper mit Quastenverzierung ist eine Alternative für weniger formelle Anlässe. Nur darf er nicht zu tief ausgeschnitten sein, denn das würde zu einem lässigen Outfit ziemlich dämlich aussehen.

Chelsea Boots

Bei dieser Stiefelette mit seitlichen elastischen Einsätzen hat man die Wahl zwischen Ausführungen mit traditioneller runder oder auch mit eher modischer spitzer Kappe. In jedem Fall eine phantastische Option für jedes Wetter oder für einen Spaziergang auf dem Land.

Hüte

Mit einem Fedora macht der Vintage-Mann immer eine gute Figur. Der schmalkrempige Hut passt bestens zu einem Anzug. Alternativ käme für einen sportlicheren Look eine Schirmmütze in Betracht. Probieren Sie aus, was Ihnen am besten steht.

VINTAGE PATISSERIE

VIELEN DANK ♡

93 Feet East Die Möglichkeit, für meine Partys eure fantastischen Räumlichkeiten zu nutzen, half mir, mein Unternehmen nach vorn zu bringen! www.93feeteast.co.uk

ariotek Die beste Webhosting-Firma, bei der ich je untergekommen ist. Drew und Colin, ihr beide seid einfach klasse! www.ariotek.co.uk

Barnet Lawson Euer Kurzwarengeschäft schlägt alle anderen um Längen. Allein wegen euch lohnt sich ein Reise nach London. www.bltrimmings.com

BBC und das gesamte Team von "Dragons' Den" Für die überaus freundlich Unterstützung und Begleitung! www.bbc.co.uk/dragonsden

Benefit Cosmetics Das Produkt "Big Beautiful Eyes" ist eine echte Schau. www.benefitcosmetics.com

Bethan Soanes Du passt so großartig in die Vintage Patisserie und recherchierst beinahe bis zum Umfallen! www.nothingbutbettinascarlett.blogspot.com

Carolyn Whitehorne Für die Unterstützung, Ermunterung und Beratung. www.toniandguy.com

Cass Stainton Du hast begriffen, wie ich ticke.

Cate von Bitch Buzz Eine nettere Rezension habe ich bisher nie bekommen! www.bitchbuzz.com

Cliff Fluet Es ist wundervoll, dass du mein Freund geworden bist und wie du mich begreifst, unterstützt und ermutigst bei meinen Bemühungen. www.lewissilkin.com

Company Magazine Für die Unterstützung. www.company.co.uk

DailyCandy Danke für die erste Pressemeldung überhaupt! www.dailycandy.com

Dandy Dan Dan, ich danke dir, dass du dir immer über meine Präsenz in der Presse Gedanken machst! Du bist ein wahrer Gentleman. www.timeout.com/london

Dave von Bath Street Boxes Danke für die Unterstützung und unsere sexy Verpackung!

David Carter Deine Kreativität kennt keine Grenzen, du loyaler, exzentrischer Dandy. P.S. Ich habe vor, mehr Bücher zu verkaufen als du. :-) www.alacarter.com

Deborah Meaden Du hast an mich geglaubt und mir ein unternehmerisches Sprungbrett geboten. www.deborahmeaden.com

East London Business Centre Seit ich die Vintage Patisserie ins Leben rief, bekam ich hier Unterstützung und Entwicklungshilfe. www.goeast.org

Eleanor Maxfield Dir verdanke ich den Vertrag für dieses Buch. Das wäre nicht geschehen, wenn du mich nicht, seinerzeit leicht beschwipst, in einem Pub angesprochen und mir deine Karte gegeben hättest. Du hast an das Projekt geglaubt, hast es in jeder Phase betreut, und wir hatten dabei eine Menge Spaß. Ich bin so glücklich, dass wir Freundinnen geworden sind. Danke!

Emma Perris Du gibst wundervolle Massagen, außerdem Unterstützung und wertvolle Freundschaft! www.emmaperris.co.uk

Financial Times Für die Unterstützung. www.ft.com/home/uk

Fleur Britten Ihr seid Fabelhaft, danke für die Unterstützung! www.fleurbritten.moonfruit.com

Fleur de Guerre Du bist ein sensationelles Pin-up-Girl und hast viel Talent. Ich weiß gar nicht mehr, wohin mit meiner Begeisterung! www.diaryofavintagegirl.com

Fraser Doherty Dank für unternehmerische Impulse und beängstigend gute Konfitüren! www.superjam.co.uk

Gattina Cheung Ich danke für die Erlaubnis, das Kuchenrezept zu verwenden, und auch für die gestalterischen Anregungen. www.gattina.vpweb.co.uk

Geoff Oddie Jede meiner bisherigen Webseiten erhielt von dir ein grandioses Erscheinungsbild. www.geoffoddie.com/#/about

Grazia Für die Unterstützung. www.graziadaily.co.uk

Hannah G Königin Elisabeth wäre stolz!

Harper's Bazaar Für die Unterstützung. www.harpersbazaar.com

Hazel Holtham Du bist eine bewundernswerte Geschäftsfrau und auch Freundin, eine Schönheit durch und durch. www.ragandbow.com

Holly Black Die beste "Lady Friday", die man sich vorstellen könnte. Ich schätze mich glücklich. Danke für all die harte Arbeit.

John Moore Seit den Unterweisungen, die ich von dir als 18-Jährige erhielt, hast du mir bei jedem Schritt geholfen und mich begleitet. Ein echter Freund! www.rsmtenon.com

Julie Caygill Für all die wertvollen Hilfestellungen und Ratschlägen!

Kathy von Past Perfect Danke für die wundervolle Musik, die dein großartiges Unternehmen bietet! www.pastperfect.com

Katie Als Erste überhaupt hast du die Vintage-Idee mit Erfolg umgesetzt. OH, KATIE, du bist das Maß aller Dinge – und, ganz abgesehen davon, ein hinreißendes Frauenzimmer. Danke für die Unterstützung. Lass uns die Welt erobern. ;-) www.whatkatiedid.com

Kitty Kavanagh Dank für die unermüdliche Unterstützung. www.kittykavanagh.co.uk

Lady Luck Der erste Vintage Dance Club in London, eine großartige Adresse. www.ladyluckclub.co.uk/top10.php?rad=on

Laura Cherry Ohne dich wäre dieses Buch kaum denkbar. Dein Einsatz war enorm, und du hast einfach ein schönes Wesen.

Lauren Craig Du machst dir Gedanken darüber, woher deine Blumen stammen, bist ungeheuer talentiert – und eine gute Freundin. www.thinkingflowers.org.uk

Lauren Mittell Hätte ich nur zehn oder zwanzig von deinem Kaliber, könnte es eine Vintage Patisserie in jeder Stadt geben. Deine Einsatzbereitschaft und Zielstrebigkeit verblüffen mich immer wieder. Abgesehen davon, schmelzen unsere Partygäste vor deiner Schönheit regelmäßig dahin.

Leanne Bryan Mehr Achtsamkeit, Freundlichkeit und Gelassenheit, als du sie aufbringst, ist von einer Redakteurin wahrlich nicht zu erwarten. Danke dafür. Solltest du je in Panik geraten, weiß ich, dass es wirklich ernst ist!

Lian Hirst Ihr seid die beste Fashion PR-Agentur. Danke, für dein Verständnis, deine Unterstützung und Freundschaft. www.tracepublicity.com

Linton von The Fox Dadurch, dass ich bei euch meine Partys veranstalten durfte, konnte ich mein Unternehmen ausbauen, und alles lief dabei immer reibungslos. Linton, du bist super! www.thefoxpublichouse.co.uk

Lipstick & Curls Aufregende Hairstyles und dazu wundervolle Ladies mit viel Talent. www.lipstickandcurls.co.uk

Luther Pendragon Danke für die Unterstützung und eine tolle Projektionsfläche. www.luther.co.uk

MAC Cosmetics Danke für den perfekten Look und Ruby Woo! www.maccosmetics.com

Margaret von Vintage Heaven Margaret! Du bist die bemerkenswerteste Frau auf diesem Planeten – mit deiner mitreißenden positiven Einstellung ebenso wie mit deinem großartigen Unternehmen, dank dessen ich die Lücken in meiner Glassammlung füllen kann. Ich liebe dich! www.vintageheaven.co.uk

Mehmet von Can Supermarket Für alles!

Monica Chong Ich danke dir dafür, dass du mich unterstützt hast, meine Freundin wurdest und mich mit deiner Kreativität beflügelt hast. www.cutlerandgross.com

Nathan King Danke für wertvolle Beratung und einen wunderschönen Cover-Entwurf!

Naomi und Vintage Secret Unterstützung und Leidenschaft für Vintage! www.vintagesecret.com

Nicholas Hill Ich liebe unsere Unterhaltungen!

Oasis Für die Unterstützung. www.oasis-stores.com

Octopus-Team Ihr wart alle so nett und habt fest an das Buch geglaubt.

Patrick von Value my Stuff Danke für wertvolle Informationen zur Requisitenauswahl. Du bist ein Unternehmer, der mich beflügelt und mit Stil beeindruckt. www.valuemystuff.com

Paul Crook Danke für die Unterstützung und für beschwingte Momente.

Pete Katsiaounis Von dir stammen die Illustrationen auf allen meinen Websites! Du machst weit mehr als Dienst nach Vorschrift. www.inkandmanners.com

Piers Strickland Für Beratung und Unterstützung auf jedem Schritt meines Wegs. www.strickland-law.co.uk

Rare Tea Company Ein fantastisches Unternehmen, das bestens aufgestellt ist. www.rareteacompany.com

Samantha Vandervord Mein Dank an ein Teammitglied von "Dragons' Den", das an mich geglaubt und bei jedem Schritt meine Hand gehalten hat.

Sharon Trickett Du arbeitest unglaublich hart, hast Talent und bist schlichtweg wundervoll.

Slinky Sparkles Für die hinreißenden Burlesque-Auftritte! www.slinkysparkles.com

Sophie Laurimore Du hast mich echt umgehauen! Unsere gemeinsame Businessreise hat eben erst begonnen, aber ich habe das Gefühl, dass ich dich schon ein Leben lang kenne. Mein Dank gilt einer tollen und engagierten Persönlichkeit. Du verstehst deine Sache und ich schätze dich sehr! www.factualmanagement.com

Stylist Für die Unterstützung. www.stylist.co.uk

Sue und Jon Ihr habt meine Kochideen praktisch umgesetzt und mir immer unverblümt gesagt, wenn etwas daran albern war! www.suehenderson.net

Susie und das Team von Luna & Curious Deine Kreativität animiert mich. Das kannst du an allem sehen, was ich heute tue. Danke, dass du die Leute von Luna & Curious zusammengebracht hast und 24/7 unterstützt! www.lunaandcurious.blogspot.com

TeaSmith Ein fantastisches Unternehmen, das bestens aufgestellt ist. www.teasmith.co.uk

The Post Office, Roman Road Seit vier Jahren bringt ihr mich Tag für Tag zum Lächeln!

Time Out London Für kontinuierliche Unterstützung. www.timeout.com/london

Uncle Roy's Hier findet man essbare Blüten. Ein fabelhaftes Unternehmen! www.uncleroys.co.uk

Wella Hair Für optimale Haarprodukte. www.wella.com

Yasia Williams-Leedham Dank für die engagierte und unermüdliche Arbeit, die Kreativität und Liebe, mit der du dieses Projekt auf die Beine gestellt hast. Ich mag dich so gern, dass ich es immer schrecklich fand, dir sagen zu müssen, wenn mir etwas nicht gefiel! Glücklicherweise waren es nur wenige Dinge.

Yuki Sugiura Du kümmerst dich und bist so talentiert und kreativ! Wenn ich deine Foodfotos sehe, werde ich zur Grinsekatze. www.yukisugiura.com

VIELEN DANK

Adele Mildred Du inspirierst mich mit deiner Schönheit, Liebe, endlosen Kreativität und Unterstützung. Hätte ich dich nicht ins Herz geschlossen, würde ich dich dafür hassen, wie fabelhaft du bist.

Alison Coward Meine unternehmerische Seelenverwandte! Danke für den Stolz, den du ausstrahlst, und dafür, dass du mich bei jedem Schritt unterstützt.

Andreya Triana Du füllst mein Leben mit Musik und Liebe und ganz viel guter Laune! Könnte ich singen, dann hätte ich gern eine Stimme wie deine.

Bobby Nicholls und Lord Ian Ihr seid die besten Partyboys. Wenn ihr nicht mit dabei seid, fehlt immer etwas. Bobby, ich liebe dich! Du setzt jede meiner Ideen in die Tat um, und wenn ich zum Reden zu müde bin, liest du meine Gedanken.

Britta Dicke Unterstützung in jeder Hinsicht und mehr, als ich verdiene. Danke dafür!

Christina Lau Finde ich überhaupt die treffenden Worte, um meine Dankbarkeit auszudrücken? In den letzten zehn Jahren hast du dich als echte Freundin erwiesen. Du hast mir Zuneigung geschenkt und, indem du mich das Backen gelehrt, mir bei Websites oder geschäftlichen Problemen geholfen hast, immer zu verstehen gegeben, dass du an mich glaubst. Ich mag dich so sehr!

Daniel Brücher Wie kann ich dir für deine Offenheit und Kreativität danken! Du warst der Erste, der unser Buch außerhalb Großbritanniens getragen hat. Du wirst stolz auf uns sein.

Darren Whelen Mein ältester Freund, ich danke dir für deine Liebe, deine Unterstützung und deine Mahnung, dass man ab und zu einmal innehalten sollte.

David Edwards Du bist der vollendete Gentleman. Danke für deine endlose Unterstützung und fantastischen Fotos (für die du oft nur einen Cupcake wolltest). Ich liebe dich!

Dick Strawbridge In dem Augenblick, als ich dein Gesicht auf einem Cupcake sah, war mir klar: Der ist wie für mich gebacken. Du bist der erstaunlichste Mann, der mir je begegnet ist – das werde ich dir sagen, bis du mir endlich glaubst!

Elizabeth Osbourne In ewiger Erinnerung und Dankbarkeit für die Fürsorge und die Bemühungen, mich lesen zu lehren.

FrankyLou Franky, erinnerst du dich an mich? Ich liebe und vermisse dich.

Fred und Katia Kunzi Ihr habt mich aus London herausgeholt und mir zu wunderschönen Erinnerungen verholfen. Ich sehne mich nach euch und nach der Schweiz.

Gaia Facchnini (Mouthful O Jam) Du bist in unser Leben geschneit, und es ist, als hättest du schon immer dazugehört. Danke. *www.mouthfulojam.com*

Gary Nurse Dank dir für die Freundschaft, Unterstützung und unsere tiefgründigen Gespräche! Du bist nicht nur schön anzusehen, deine Schönheit reicht viel tiefer.

Gossica Anichebe Danke für dein Lachen, deine Liebe und deine Freundschaft.

Grandma, Nan und die übrigen Damen in meiner Familie Ich danke euch für die Liebe und Güte, die ihr mir stets entgegengebracht habt, und auch dafür, dass ihr immer toll ausseht!

Helen Carter Danke sehr für den unterstützenden Glauben an mich.

Jake Sax samt Familie Keiner spielt besser Saxophon, und überhaupt bist du für mich wie das Salz in der Suppe.

Jim Walker Ich freue mich, dass du am anderen Ende des Gartens wohnst. Dass du mein liebster Freund bist. Ich danke dir für die Liebe, die Unterstützung und den Stolz, den du zeigst. Du bist mir sehr viel wert.

John, Julie und Katie Walker Meine Zweitfamilie! Danke für die Liebe, die ihr mir über den großen Teich schickt, und natürlich auch dafür, dass ihr mich bei jedem meiner Besuche in alle Vintage-Shops schleppt!

Joseph Yianna Danke für die Freundschaft und Unterstützung, du fabelhafter Mensch!

Judith Biffiger Du zeigst mir deine Welt, inspirierst mich mit deiner Musik und Liebe und bist das süßeste Wesen, das ich kenne!

Karen Pearson Du bist eine echte Freundin und eine Inspiration für mein Geschäft. Ein dreifaches Hoch auf die Essex-Girls!

Kate und Joe Skully Mit euch muss ich mich immer kugeln vor Lachen. Ich finde euch einfach großartig und danke für die Liebe und Unterstützung, die ihr mir schenkt.

LeaLea Jones Du singst wie ein Engel, hast ein großes Herz und weißt, dass sich harte Arbeit auszahlt. Ms Jones, Sie sind eine Inspiration für mich und alle um Sie herum. Hackney kann sich glücklich schätzen.

Leah Prentice Du bist das zweite Mitglied des Vintage-Patisserie-Teams. Mein Kumpel, der mich immer wieder zum Lachen bringt. Super!

Lee und Fiona Behan Man muss das Leben bei den Hörnern packen! Danke für eure inspirierenden Worte, die ich nie vergessen werde.

Leo Chadburn Ich saß in einer Bar, hatte die Füße auf den Tisch gelegt. Du tratst auf mich zu und sagtest: „Traumhafte Schuhe. Lust auf Party?" War es wirklich so? Ganz genau weiß ich es nicht mehr, aber zumindest ist das meine Erinnerung. Zwölf Jahre Freundschaft, und ich liebe dich immens. Deine Mutter war stolz auf ihren tollen Sohn.

Martin Fontijn Du hast meinen Spirit eingefangen und mit Herz und Seele an mein Buch geglaubt! Ich freue mich schon auf unsere gemeinsame Reise.

Mel Patel Du bist mein dicker Kumpel und der einzige DJ, den ich je anheuern würde.

Mum and Dad Ihr habt mir erlaubt, ich zu sein, mich Offenheit gelehrt, mir vorgemacht, wie man bedingungslos liebt und gibt. Dass ich bin, wie ich bin, verdanke ich euch beiden.

Natasha Dank dir für die Liebe und Unterstützung.

Paul, Grandad und die übrigen Herren in meiner Familie Ich danke euch für die Liebe und Güte, die ihr mir immer entgegengebracht habt.

Sarah, Leroy und Henry Eines Tages wird der Pandadress euch gehören! Ich danke euch dafür, dass ihr mir mehr als Freunde seid und an mich glaubt.

Seymour Nurse Wenn ich deinen Namen lese, muss ich lächeln. Ich behalte deine netten Worte in meinem Herzen und werde dich immer lieben, Peter Pan!

Taj Cambridge Wir wussten, dass wir es erreichen würden, dass es okay sein würde. Wir durften nur nicht vergessen, wie das geht mit dem Glücklichsein. Für mich wird „ich" immer „wir" bedeuten.

Tate und Anthony Niemand hat je behauptet, dass es einfach sein würde! Das wissen wir alle. Danke für die Unterstützung auf allen Ebenen.

Val und Co von Palm Tree Ihr habt mir die besten Abende meines Lebens beschert und seid eine ganz hinreißende Familie!

Vicki Churchill Für deine Kreativität. Hoffentlich sehen wir uns bald mal wieder.

Vicki, Young und Rosy Für eure Liebe und Unterstützung und für die Partyjahre!

Ich bin ihnen nie begegnet, aber ich danke ihnen dafür, dass sie mich inspiriert und begeistert haben. Dass ich heute bin, wer ich bin, ist auch ihr Verdienst:

Ihre Majestät die Königin, Louise Brooks, Clara Bow, Greta Garbo, Bette Davis, Mae West, Vivien Leigh, Ava Gardner, Rita Hayworth, Ginger Rogers, Betty Grable, Lewis Carroll, Charles Worth, Gabrielle „Coco" Chanel, Madeleine Vionnet, Elsa Schiaparelli, Christian Dior, Billie Holiday, Ella Fitzgerald, Doris Day, Sammy Davis jr. (danke für „Mr Bojangles"), Nina Simone, René Gruau, Minnie Ripperton, Bill Withers, Curtis Mayfield, Stevie Wonder, Michael Jackson, Prince, Vivienne Westwood und Alexander McQueen.

Auf den folgenden Seiten finden Sie einige Dankeskarten, die Sie gern scannen und verwenden dürfen. Möglicherweise kreuzen sich die Wege Ihrer Dankesschreiben in der Post. Danke, dass ich Ihr Gast sein durfte, danke für tausend charmante Details. „Danke" – ein kleines Wort von tiefer Bedeutung. Gefühle und Erinnerungen werden wach. Die Einladung, die Geschmacks- und Dufteindrücke, das Lachen, die gute Stimmung. Und ich muss lächeln, denn es war ein Vergnügen, etwas zu bekommen ... oder zu geben ... Ich weiß nie, was mir die größere Freude bereitet.

Danke schön

INDEX

ZUM EINSTIEG IN DIE VINTAGE-PATISSERIE-WELT:

❧

Britische Lebensmittel kann man gut über das Internet bekommen. Die folgenden Händler bieten ein breites Angebot an britischen Tees, Molkereiprodukten, Backzutaten und Fertigprodukten:
www.britsuperstore.com
www.brightbritain.de
www.greatbritishfood.de

❧

Für einige Rezepte werden eher ungewöhnliche Zutaten, wie Lebensmittelaromen, Lebensmittelfarben, kristallisierte Blüten oder Blattgold verwendet. Diese bekommt man meist nicht im Supermarkt oder Delikatessengeschäft um die Ecke. Auch hier kann man im Internet fündig werden. Zum Beispiel unter den folgenden Adressen:
www.mitallen5sinnen.de
www.pati-versand.de

❧

Essbare und getrocknete Blüten können Sie unter anderem bei diesen Internetshops bekommen:
www.fleurcuisine.de
www.essbarelandschaften.de
Auch die Hibiskusblüte in Sirup, die Hauptbestandteil des Cocktails „Wilder Hibiskus Champagner" ist, kann man nicht in jedem Supermarkt bekommen. Versuchen Sie es bei:
www.new-world-gourmet.de

❧

Einen wunderbaren Fundus an Deko-Materialien und Fascinator-Basen bietet:
www.kostuemkram.de

❧

Die Liste erhebt keinen Anspruch auf Vollständigkeit. Das Internet bietet eine Vielzahl an Einkaufsmöglichkeiten. Für die Verlässlichkeit der Händler kann der Verlag keine Verantwortung übernehmen. Wir wünschen Ihnen viel Spaß und viel Erfolg.

❧

BILD- UND REZEPTNACHWEIS:

❧

❧